不丹幸福的真相

THE TRUTH OF HAPPINESS IN BHUTAN

目 录

序一

我非常高兴地得知彭筱军女士在撰写《幸福不丹 • 幸福安吉》一书中“幸福不丹”部分的修订版《不丹幸福的真相》。2013年8月，我很高兴在家里接待了幸福考察团队，并与他们进行了诚挚和友好的幸福对话。带着浓厚的兴趣和热情，他们在不丹获取了第一手有关不丹“国民幸福总值”的哲学、原则、精神以及实践等种种文字资料和图片信息。2016年2月，我又和彭筱军在印度相见，同走佛陀成佛之路。

“国民幸福总值比国民生产总值更重要。”1970年代，当不丹刚开始现代化进程时，智慧而富有远见的第四世国王吉格梅 • 辛耶 • 旺楚克说了这样一番话。在那个年代，诸如“可持续的”、“平衡的”、“整体的”、“包容广阔的”这些关于发展的术语，还并未像今天一样成为全球议事日程上的潮流趋势。而这样一个来自一位年轻国王深刻并富于远见的陈述，却包含了以上所有的元素，并且被不丹王国政府与不丹人民所采用，成为其发展纲领。实际上，正是这一“卓见”在接下来的四十年中引导着不丹的发展。今天的不丹成为了什么样的国家？本质上就是因为它的平衡能力——追求物质财富和精神幸福的平衡、环境保护与工业化的平衡、现代化与传统文化的平衡，以及对政府良善治理的重视。这就是我们称之为获得“国民幸福总值”的四大支柱。所以，不丹被外界认为是幸福国度是最恰当不过的了。

中国在过去的几十年里取得了前所未有的经济进步，飞速地成为了世界第二大经济体。中国历史上悠久的文化和艺术也是全世界最古老、丰富的文明之一。

不丹，为中国能够分享我们的幸福哲学和经验而深感荣幸。毕竟，幸福是一个全球性的追求。所以，当我了解到 GNH 理念将再次在整个中国传播时，深感快乐和鼓舞。

不丹王国政府前首相

不丹王国政府 GNH 委员会前主席

利翁波 • 肯赞 • 多吉

2016 年 5 月 20 日

序二

2013 年，幸福的种子乘着风之翼，悄悄飘落在中华大地。

2009 年出访不丹，吉格梅 · 廷莱首相阁下对我所提出的以慈悲、智能为导向的“菩萨经济学”理论深感认同，也认为佛教经济学思想与不丹 GNH 思想有着密切的关联。

2012 年，我协助廷莱阁下在世界各国推动 GNH 的主题演讲，结集成《幸福是什么》一书，举行全球首发仪式，点燃全台幸福运动。2013 年，《幸福是什么》简体中文版发行，加上《幸福不丹 · 幸福安吉》的出版，使幸福不丹的根苗，加速在中华大地生根茁壮。

《幸福不丹 · 幸福安吉》，不丹和浙江安吉有着许多相似之处，两者都拥有优美的自然环境，同样体会到保护生态环境的重要性，水力发电和观光都是重要的发展项目。不丹全境的森林覆盖率超过 72%，2005 年获得国际环保奖章——地球卫士奖。安吉全境的森林覆盖面积达到71.11%，2012年联合国授予的人居奖，肯定了安吉打造绿色城市的卓越成就。

曾经因为急欲去贫而引入重污染产业的安吉，虽然获得经济的成长，却也付出牺牲环境的惨痛代价。因而痛定思痛，转向了自然与经济均衡发展之路。从GDP单一的经济发展指标，转向了GNH均衡永续的发展指标。

近年来，金融风暴席卷全球，大多数国家长久以来奉为圭臬，以GDP做为评量国家发展标准的模式，已经全面失控。过度开发形成全球温室效应，造成气候骤变，频仍的地震、洪水、森林火灾、飓风，气候异常、极端，在在提醒人们：贪婪无止境的发展将使人类加速走向崩解。唯有物质和心灵的均衡发展，对地球上共同存有的生命与环境的平等尊重，才能走向共荣永续的幸福。而此等珍贵的启示，却是来自不丹第四世国王吉格梅·辛格·旺楚克阁下十七岁时所提出的幸福战略思考。

1970年代，面对资本主义市场经济的流行，他提出GNH（国家幸福力），取代GDP（国民生产指数）作为国家发展的指标。本着佛法慈悲的核心精神，努力以“心灵幸福”、“文化多样性”及“环境保护”作为指标，实现“国民的幸福”，挑战以国民生产总值 GDP 做为衡量一个国家发展指针的传统模式。而今，不丹以幸福国度广为人知。在当代世界经济发展思想陷入困局之际，不丹的幸福智慧，不啻是照亮人类前途的一盏明灯。

2013 年 8 月，我发起了“EPPH”运动 (Earth Peace Prize of Happiness)，邀请世界各国杰出人士，联合推荐提名不丹第四世国王吉格梅 · 辛格 · 旺楚克阁下，代表不丹 GNH 成为诺贝尔和平奖候选人。历史上无数的争战与不和平，都是源于经济因素，因此我提出“幸福经济 · 地球和平”的观点，作为推动此项运动的立足点。在我眼中，GNH 已经不只是不丹的“国家幸福力”，而是能贡献给整个地球的“地球幸福力”(GEH，Gross Earth Happiness)。

2016 年 2 月，我带领各国百位学人进行印度圣境禅旅，不丹前首相肯赞 · 多吉阁下伉俪，与吉格梅 · 廷莱阁下及其千金，都参与了这场历史盛会。佛陀成道圣地菩提伽耶摩诃菩提寺，将我以魏碑书法所题之“菩提伽耶觉性球碑”，刻石立碑，永志留存，让每年成千上万来自世界各地的朝圣者，都能瞻礼读诵，体悟众生全佛的精神。

菩提伽耶国际佛教理事会主任秘书可兰喇嘛说，此碑是宋代以来，首次立于菩提伽耶之汉文碑刻。

我在菩提伽耶国际斋僧大会的致词中，提及此碑的意旨：希望将来在宇宙中的他方世界，遇见他方净土的佛菩萨和外星人时，那时我们可以欢喜地说道："我们是释迦牟尼佛的弟子，我们居住在地球，而地球的核心思想是觉性。"究竟的大觉、无尽的智慧与慈悲，是从个人到世间全体圆满的幸福。

喜闻《不丹幸福的真相》一书新版，作者彭筱军女士于印度圣境禅旅途中，嘱序于余。深心祈愿："世界大同，人间幸福，地球和平"，愿不丹的幸福力，转化为地球的幸福力，把中华福起来，把地球福起来，共创人间下一轮幸福的黄金世纪！

国际禅学大师 地球禅者
洪启嵩
2016 年 6 月 21 日

前言

幸福的味道有很多种，甜蜜、快乐、安静、和谐……每个人诠释幸福的定义也不一样，名望、地位、权力、财富、爱情、亲情、友情、健康，等等。而不丹，对我而言，搜遍了脑海中所有的记忆，浮现在眼前的词，却只有一个——彩虹！

7 天行程，7 道彩虹，每一片湛蓝如洗的天空、雨后放晴的天际、碧野芳踪的尽头、宗堡佛塔的身侧、飞机旋翼的窗口，那高挂天际的彩虹，融进我肌肤的每一个毛孔，让我如此深切地呼吸到了纯净的幸福。

不丹，这个清静无染的佛国，是全球幸福指数最高的国家之一，森林覆盖率超过 72%，全民信佛、全民戒烟、全民环保，国民幸福指数高达 97%。

2008 年，世界华人影视巨星梁朝伟和刘嘉玲选择在不丹举办婚礼。为了阻绝媒体和粉丝的干扰，他们把婚礼选在了限制旅游观光人数，且签证需提前 2 周申办的不丹。他们倒数 6 天才公布婚礼地点，使得记者们不及申请签证而被阻绝在外。20 年爱情长跑，一对璧人终成眷属，他们的爱情之花洗尽铅华、落地结果。不丹，也因圆满了这段婚姻，在很多人心中镂下了“终极幸福之地”的印记。

2013 年不丹首相吉格梅•廷莱先生（Jigmi Y. Thinley）《幸福是什么》中文版出版，其中一句话我甚是喜欢：“幸福就该是欢喜的出生与养育，有意义与有收获的工作，在满足与保障中老去，在尊严的祥和中辞世。”吉格梅•廷莱首相的用词朴实无华，却传递着一个仁者的慈悲和胸怀。

与不丹前首相利翁波•肯赞•多吉先生（Lyonpo Kinzang Dorji）的几次会面，则真切感知到幸福不是个抽象的字眼。他低调和蔼、平易可亲，身体力行地传播着幸福的理念，推动幸福的全球思考和回归。幸福从他身上，如此朴素地传递过来，平淡从容，触手可及，真实不虚。

2016 年 2 月，感恩地球禅者洪启嵩老师的因缘，与二位不丹前首相吉格梅•廷莱先生和利翁波•肯赞•多吉先生一共赴印度朝圣，开启追寻佛陀成佛之路的觉性之旅。

2013年8月，洪老师就提出“幸福经济•地球和平”的观点，发起了“EPPH”倡议(Earth Peace Prize of Happiness)，邀请世界各国杰出人士，联合推荐提名不丹第四世国王吉格梅•辛格•旺楚克阁下，代表不丹GNH成为诺贝尔和平奖候选人。洪老师认为GNH已经不只是不丹的“国家幸福力”，而且是能贡献给整个地球的“地球幸福力”(GEH，Gross Earth Happiness)。今年，洪老师再次提出“觉性地球•幸福地球”的理念，倡议我们从佛教的发源地启动传播幸福，二位不丹前首相均十分认同，欣然同往。

肯赞•多吉前首相和夫人一看见我便很欣喜地和我打招呼，他随口就喊出了我的英文名字jessi。吉格梅•廷莱前首相虽是第一次见面，也十分亲切，我向他汇报了其著作《幸福是什么》一书中的观点对中国、对安吉和对我的启发，认为不丹追求物质财富和精神幸福的平衡，环境保护与工业化的平衡，现代化与传统文化的平衡，以及对政府良善治理的重视，对中国很有借鉴意义。他很高兴。听我说起2013年写的《幸福不丹•幸福安吉》这本书，他连连点头说：“对对，我知道。”

两位前首相和洪老师问起我最近在做什么，我向他

作者向二位不丹前首相赠送缩小版《圆明园四十景》

们汇报了自己协助上海远东出版社与法国国家图书馆合作进行《圆明园四十景》原件再造的事情，告诉他们《圆明园四十景》是乾隆皇帝命令宫廷画师沈源、唐岱乾隆元年（1736）开始绘制的，乾隆亲笔御撰诗文，由工部尚书汪由敦誊抄，历时 12 年完成，真实描绘大清鼎盛时期的皇家御苑胜景，诗、书、画、印达到完美统一，只此一件，绝世孤品，具有无可比拟的艺术成就、学术价值和历史意义。四十景经雍正、乾隆二帝厘定景名，如正大光明、九州清晏、万方安和、濂溪乐处、淡泊宁静等，颇具哲理性及中国的儒释道文化，移天缩地在君怀，体现了帝王治国理想。比如九州清晏，表达了帝王希望天下太平、河清海晏的寓意。也告诉他们《圆明园四十景》再造件已在中国国家图书馆、上海朵云轩艺术中心、上海浦东图书馆、辽宁省图书馆、澳门陆军俱乐部、中欧商学院北京校区等多地进行展览，目前正在落实香港展、台北故宫展、法国展、美国展、马来西亚展、新加坡展等细节。

吉格梅·廷莱前首相、肯赞·多吉前首相和洪老师闻听后十分赞赏，认为这种形式的文化交流很有意义；我也代表上海远东出版社分别向他们赠送了特制的缩小版绢本四十景。肯赞前首相的是“九州清晏”，寄望地球和平，宇宙幸福；吉格梅前首相的是“勤政亲贤”，感谢他一直以来在全世界推行幸福地球理念；洪启嵩老师的则是“方壶胜境”，他一直在为推动觉性地球成为一个人间仙境而奔走。徐忠良社长精心挑选的这三幅画，可谓用心良苦，两位前首相和洪老师都很高兴，分别与我合影留念。

洪老师的画寓意深远，能量十足。封面这幅画便是洪老师的宇宙画作系列之一——《太阳》，张扬着由内而外迸发的核心力量，不仅温暖，而且自然而然蔓延着一种幸福感。与不丹结缘，本缘起洪老师，用这幅画做封面再合适不过了。洪老师慈悲，我一祈请，他便慨允了。

作者向地球禅者洪启嵩老师赠送缩小版《圆明园四十景》

作者与两位不丹前首相和洪启嵩老师合影

在印度的朝圣途中，由印度北部到尼泊尔的蓝毗尼（佛陀出生地），再由蓝毗尼回到拘尸那罗、菩提伽耶、瓦拉纳西、恒河，我们沿着释迦牟尼佛的苦修、开悟、成佛、涅槃之路一路行来。我们一同看恒河日出，在菩提伽耶的大觉塔下安放“觉性地球”之碑，举行庄严殊胜的火供仪式，在供僧大会上齐诵经文，供养来自各国的僧侣，在每一处圣地聆听著名南音演奏家王心心女士弹奏琵琶，将空灵的禅韵和古老的南音完美结合在一起。在释迦牟尼佛开悟的菩提树旁，我们安放了洪老师以魏碑书法所题之“菩提伽耶觉性地球碑”，菩提伽耶国际佛教理事会主任秘书可兰喇嘛说，此碑是宋代以来，首次立于菩提伽耶之汉文碑刻，甚为殊胜！

行程的多半时间都在大巴上颠簸，由于印度北部条件艰苦，交通状况恶劣，一二百公里的路途要开七八个小时。虽一路舟车劳顿，但肯赞•多吉前首相及夫人都和我们一起颠簸，毫无怨言。吉格梅•廷莱前首相及其千金在菩提伽耶加入我们，烈日下暴晒，无寸阴遮阳，汗透重衣，安然自若。

看着他们如此谦和平易、朴实无华，一路虔诚跪拜、同甘共苦，我再次真实体验到了“返璞归真”这四个字的涵义，随即决定修订出版《不丹幸福的真相》，希望能与大家一同开启幸福不丹的探寻之旅。

菩提伽耶大觉塔内释迦牟尼等身佛

曼谷机场喜见晨曦彩虹

第一章

晨曦彩虹

THE RAINBOW
AT DAWN

出行前的惊险

2013 年，感恩地球禅者洪启嵩老师、上海廿一文化的因缘，在浙江省安吉县委县政府和上海远东出版社徐忠良社长的推动下，不丹幸福考察团在短短几天时间内组建完成，成员包括中国民生指数课题组核心成员刘正山博士、上海浦东干部学院冯静武博士、上海远东出版社徐忠良社长和我四人。8 月 4 日晚 7 点 30 分，我们在上海浦东机场会合。顾不上寒暄客套，初次见面的我们开始了忙而不乱的排队、安检、托运行李、出海关，直到登上了前往曼谷的飞机，才松了一口气。

候机期间，大家很快熟络起来。谈起不丹幸福考察团能够成行，我们都觉得不可思议。从决定去不丹到成立考察小组，再到办审批、办签证、订机票、定行程、敲定拜会不丹 CBS 研究院卡玛院长和 GNH 委员会卡玛 • 塔斯蒂姆秘书长，仅用了一周时间，中间可谓曲折丛生。若非上海“玩家旅游”董事长刘伦先生大力协助，这次出行可以说是根本不可能完成的任务。

首先是机票。

不丹严格限制旅游观光客人数，每年只有 6000 人能幸运进入不丹，而且必须通过不丹皇家航空客机才能飞入境内，而每天从曼谷进入不丹只有一个航班、一架 A319 客机，前 5 排为商务舱，每排 4 个座位，后 16 排为经济舱，每排 6 个座位，总共仅能容纳 116 人，舱位十分有限，机票也只能锁定 24 小时。我们到 7 月 25 日才与国内研究幸福指数的权威专家刘正山博士联系上，此时他正在吉林农村蹲点考察，护照不在身边，于是又联系他夫人，拿到了他的护照号码，总算把机票出了。

其次是护照。

徐忠良社长的护照由上级管理，出访必须先打报告，获得集团领导的批准才行，7 月 25 日下午走完审核流程，徐社长亲自将护照送到旅行社。

冯静武博士的护照虽然在手上，然而 8 月 4 日—11 日的行程也和他的既有计划冲突，为了调整时间，从 7 月

22 日到 8 月 2 日，他接连去了 2 趟北京，提前协调，才把事情安排好。

更挑战的是远在吉林农村考察的刘正山博士，要 8 月 2 日才返回北京，而我也还在安吉出差考察。没有护照，签证办不了！经过安吉、上海、吉林、北京四地 6 人 26 通长途电话的紧盯追踪，终于找到了刘博士放在家里的护照。但怎么拿来上海签证呢？救场如救火，7 月 26 日，我致电犯了胃炎在家卧床休息的北京前同事李正宇先生，请他帮忙找刘夫人取了护照，又坐高铁连夜将护照送到上海签证官家里，才算万事大吉。

然后是相片。

刘博士身处偏远的吉林农村，那里不但没有照相馆，就连想用手机拍照都困难重重——去了甚多农户家都找不到一堵白墙。万般无奈之下他用彩信发给我一张正面照，请旅行社处理成了一张证件照。

最后是行程。

我们重要的出行目的之一是拜谒不丹国家研究院的卡玛院长，然而到了 8 月 2 日，他还在国外，直到 8 月 3 日回国，才明确答复我们约见的具体时间。于是又赶紧和旅行社协调，与不丹地接旅行社修改行程。

幸福考察小组成员在曼谷机场摆渡巴士上

还有与 GNH 委员会塔斯蒂姆秘书长的拜会时间，8 月 5 日抵达不丹后才得以最后确认。

坐在候机大厅，我们兴高采烈地谈论着种种环生险象，每个人都觉得有太多的不可思议，只要有一个环节衔接不上，幸福之旅就泡汤了。最后大家一致得出结论：追求幸福没那么简单！

第一道幸福的彩虹

凌晨 1 点 05 分，我们的飞机在曼谷降落，而飞往不丹的航班是 6 点 50 分，这就意味着我们将要在机场等候近 6 个小时。

徐社长指着躺在长椅上的旅客打趣说：“看来我们也要这样过一夜了，追求幸福果然不容易哦。”

我开始东张西望。2006 年路过一次曼谷，印象当中有一个做足疗的地方。

冯博士说：“这么晚了，不太可能开着吧。”

我笃定地回答：“会的，肯定有！”

说话间，我就看到了记忆中的地方，这样大家就可以靠在椅子上歇一会儿养养神，补充一点体力。

幸福之旅，就这样好似不太真实地真实开始了。

6 点 10 分，阴雨如丝。

我们来到前往不丹的候机口。徐社长指给我们几位看曼谷机场的座椅枕片，上面提示要让座给老弱病残孕，赫然在目的是僧侣的位置排在第一位。在佛教国家中，僧侣的尊崇地位，于此可见一斑。

闲聊了几分钟，徐社长突然指着窗外说："彩虹！"

我们闻声一看，果然一道彩虹出现在眼前。我惊喜地奔了过去，拿起相机一顿狂拍，开心得一塌糊涂，徐社长说:

曼谷机场不丹登机口休息区座椅枕片

泰国曼谷机场见到第一道彩虹

“好兆头哦！”

我则一边拍一边兴奋地大喊：“这是我活到 40 岁，第一次亲眼见彩虹呢！”

二位博士都很诧异，说不会吧。

我笑着迭声回应：“是的，是的！”

刘博士说：“我们的幸福点很低啊，你看，幸福这么容易就得到了。”

“是啊，”冯博士高兴地说，“那说明我们是幸福的彩虹之旅喽！”

奇怪的是，我们四人已经幸福得开了锅，周边候机的人居然没看到彩虹，他们淡然地坐在座位上，冷静地打着瞌睡，直到几分钟后，才有个人发现原来我们在欢呼雀跃着彩虹的出现，他也拿起相机，大步走到窗前，想捕捉这道美丽的光影，彩虹却迅速隐去了。他遗憾地转过身来，看着我们耸耸肩。

原来，幸福就在我们身边每一个稍纵即逝的瞬间。

在这个美妙的晨曦，我们带着彩虹幻化的七彩霞光和喜悦向往的心情，轻松登机了。尤其是第一次亲眼看到彩虹，我特别兴奋和喜悦，从小一直与彩虹擦肩而过，每次听到同学们议论看到彩虹的场景，只能默默地坐在旁边听，看着他们兴奋和手舞足蹈的样子，心中总是艳羡不已。

今天，即将踏往佛国的第一站就看见彩虹，多年的渴望瞬间圆满了，真是满满的幸福。

廷布宗彩虹

第二章

宗堡彩虹

THE RAINBOW
IN DZONG

飞机上领略的纯净

停机坪上，不丹皇家航空的飞机静候着我们。

尾翼上的雷龙标识，在云雾氤氲中若隐若现，宛若一条金龙，不时窥探庐山真面。

早在出发前就闻听，不丹唯一的国际机场位于海拔2300米的帕罗山谷。对机师而言，这是全球最具挑战性的机场之一。据说，全世界只有8名受过专门训练的飞行员能执行这个机场的降落任务。

不丹皇家航空班机 / 飞机穿过云层

和善的空乘

飞机在崇山峻岭中穿越，舷窗外的美景尽收眼底。

云卷云舒间，一会儿是一望无际的如海云絮，绵绵蔓延；一会儿拨云见日，碧蓝的天空干净得让人瞬间停住呼吸；一会儿葱葱郁郁的稻田闪绿了我的眼；一会儿显出河流横亘的开阔河谷；一会儿又翱翔在巍然屹立的群山之巅。

飞机一忽冲高，一忽侧翼，不时与两旁的山岩擦身而过，也引发旅客们的阵阵惊叹和赞美。

飞机上的空乘个个安静祥和，无论男女，脸上都带着从心里溢出的暖人的笑颜，眼神传递着真诚的善意，都说眼睛是心灵的窗户，看到他们眼睛里透出的纯美笑意，感到莫名的安宁和喜悦。为客人服务时，他们举手投足十分专注静定，这和受训后的招牌式笑容所带来的体验截然不同。想必是经历了多年藏传佛教的洗礼，才在每个不丹人身上留下了这样特有的安详和静定。如发现客人拍照，他们就会主动停下来，露出和善的微笑，大方友善地让客人对焦拍摄甚至合影。

更让人赞不绝口的是飞机上提供的纯净水和果汁，纯

飞机上的纯净饮料

净水的封口包装上印着一朵蓝底小白花，素雅干净；果汁上的封口是橙色的橘子，明艳如花，让人垂涎欲滴，喝在口中，甘甜纯美，没有任何添加剂的味道。那种口感，一旦尝过，终生不会忘记。

当然，我想最不能让人忘怀的是不丹人的笑，这才是

不丹人纯净的微笑

地球上最纯净的“花”，纯真无邪，灿烂温暖，直击人心。看到这种笑，我们便能感受到人性的真善美、地球的真善美，心中也自然会升起真善美。

飞机一个急转弯，穿过最后一重山林，眼前豁然开朗，全不丹王国最长最平坦的一条 2000 米的跑道尽收眼前，帕罗国际机场到了。

随处可见的国王画像

天空蔚蓝如洗，远处青山如黛，白云袅袅从山腰上升腾起来，碧野如画，真真疑为仙境。跑道尽头，英俊国王和美丽王后的合影悄然矗立，用他们梦幻般的爱情童话，微笑着迎接大家。

出生于 1980 年的吉格梅·凯萨尔·纳姆耶尔·旺楚克是前不丹国王与第三位王妃生的儿子。他不仅拥有美国波士顿大学和英国牛津大学两所名校的学位，更重要的是，他有一颗仁慈善良、爱民如子的心，被称为“全世界最英俊”的国王。17 岁的吉格梅·凯萨尔·纳姆耶尔·旺楚克第一次看见吉增·佩玛时，她还是个七八岁的小女孩，吉增·佩玛走到王子面前，叫他带她走。王子蹲下来看着她说：“如果你长大之后，我没有女朋友，你也没有男朋友……如果命中注定我们会再遇见的话，如果你对我的感觉仍然和现在一样，你做我的妻子，我做你的丈夫吧。”几年之后，他们真的再遇上，彼此都没有男女朋友，于是他们就幸福地在一起了。年轻的国王为了她还打破了不丹一夫多妻制的传统，承诺用自己的一生来守护只有二人的婚姻。这段爱情故事深深打动了无数痴男情女的心，当然也包括我。

不丹机场中国王及王后画像

海关闸口上方，从左到右依次是五任国王的画像，可见不丹国民对国王的热爱和尊崇。让我想起了小时候，尤其是回老家农村，家家户户中庭都悬挂着毛主席的画像。

出海关，关员检查得最仔细的是烟草，有三个安检人员反复确认和提醒“No Smoking”，不允许外来游客把烟草带入国境。

2004 年，不丹制定法律，全面禁止烟草的销售，这是世界上第一个全面禁烟令。商店不准售卖烟草产品，居民不准在任何地点吸烟。正因为如此，不丹在 2005 年被联合国表彰为“地球卫士”。

在 7 天的行程中，我们和不计其数的各色不丹人接触，政要、僧侣、卫士、军人、警察、医生、教师、店员、服务生、导游、农民、清洁工，甚至乞丐，等等，无论男女老幼，确实未曾看到有人吸烟，更不要说学生了，自然也没在我们相当关注的各色垃圾筒中发现烟蒂。

不丹首相吉格梅•廷莱先生在其《幸福是什么》一书中，指出 GNH（国民幸福总值）有四大支柱：公平永续的社会经济发展，山林生态环保，文化保护与捍卫基本人类价值，及政府的良善治理。刚下飞机，我们就体验到了不丹环保理念的推行，无处不在。

迎接我们的导游 Rinchen 先生是一位有着 10 年丰富

不丹机场海关大厅上的历任国王画像

不丹机场候机楼 / 公路旁第五世国王及王后画像

经验的资深导游，中等身材、皮肤黝黑、双眼亮而有神，说着一口流利的英语，脸上挂着真诚的微笑，站在烈日下迎接我们的到来。看到我手上的相机，便体贴地在极具不丹传统建筑风格的帕罗机场大厅前帮我们拍合影。

离开机场，沿途又见到巨大的悬挂国王画像的路牌。

不丹没有路牌广告，如果要算的话，唯一的广告就是年轻的吉格梅•凯萨尔•纳姆耶尔•旺楚克国王和吉增•佩玛王后的合影，他们的浪漫爱情故事和恬淡满足的微笑足以向世人证明，不丹确实是世界上最幸福的国家之一！

在这里，我们仿佛穿越到了男耕女织的原始部落。广袤的蓝天下，树木荫荫，碧草如茵，成群的牛自由地在马路上穿行，狗儿懒懒地趴在地上，空气清新纯净得让人怀疑会不会“醉氧”。

去往廷布的河边，对岸桥头有一座小小的庙宇，象征着能量、幸福、祥和、好运、慈悲的五彩经幡挂满在悬空

帕罗河谷 / 横跨帕罗河的五彩经幡吊桥

的吊桥上，风声飒飒，吹动五色经幡呼啦作响，仿佛念经的咒语，经年不息地护佑着这里的一草一木、万物生灵，也唤起每个人对原始力量的尊崇。

当我沿着布满五色经幡的吊桥一步步走向对岸，河流湍急，水声哗然，风声幻化的咒语透过一片片在空中舒展

在吊桥上感受不丹的安静和谐

飞扬的五色经幡，幻化作百千万亿能量，净化涤荡着我的身心，将我的疲惫一扫而净。

不丹的王室史

登上吊桥尽头的瞭望塔，墙壁上画着三尊佛像，中间是释迦牟尼佛，左边是莲花生大士，右边供奉的则是不丹的建国大帝阿旺·纳姆伽尔。

导游给我们讲述了阿旺·纳姆伽尔的故事，及由此开始的不丹王室史。

徐社长曾在 20 世纪 80 年代末，跟随著名藏学家王尧先生研习藏语文和藏族历史文化。自从在飞机座位背后看到藏文提示，下机后又看到满眼的藏文，然后听到导游与司机师傅用藏语交谈，都勾起了他记忆深处的那个梦。

徐社长兴奋地说："我们来到西藏的某个地方了吧，同样的语言，相同的文字，共同的宗教，哪像是到了异国他乡呀。"

导游讲解的不丹王国创建和发展历史，勾起了他 20 多年前学习藏族历史文化的悠远往事，噶玛噶举派、宁玛派，活佛、格西，坛城、唐卡、佛本生故事等等，也勾起了他关于日语与藏语历史关系的研究课题。

不丹王国的藏传佛教印记打开了徐社长源源不断的话匣子。“你知道吗？藏语的语音和语法体系完整覆盖日语，这是我 1988—1989 年学习藏语时就发现的，至今没有找到严谨的学术依据。我已经与北京一藏学家相约，准备投入时间精力，联手完成这个课题研究。”

徐社长还告诉我们，不丹的经济和外交虽然受到印度的控制，但语言、文字和宗教信仰以及思想精神，根深蒂

瞭望塔内三尊佛像

不丹开国国王阿旺•纳姆伽尔

固地受到西藏和藏传佛教的浸润影响。

导游说，藏传佛教噶举派的宗师阿旺•纳姆伽尔（Ngawang Namgyal）于 1616 年由西藏来到不丹，通过讲学，先后战胜宁玛、拉巴、南因巴等教派，获得当地民众的支持，使得竹巴噶举派成为不丹的国教，并统一了当时处于混战之中的不丹。

他自封为沙布隆（亦称“法王”），即最高宗教领袖和政治领袖，集神权、政权于一身，成为第一位统一不丹的人物。并建造了不丹国内所有的“宗”——“宗”除了有防御的功能外，同时也是政府行政中心和寺庙，从此开始了不丹政治中政教合一的传统，成为一个僧俗同掌政权的封建王国，由宗教领袖沙布隆和世俗领袖德布王联合执掌国政。这种局面一直延续到 19 世纪末。

1651 年，阿旺•纳姆伽尔去世。此后，不丹陷入长期内乱。

18 世纪后期，英国侵入不丹，不丹战败。不丹被迫割让 2000 平方公里领土，签订《英国不丹友好条约》，规定不丹在对外关系上接受英国政府的“指导”，英国每年给不丹的津贴增为 10 万卢比。从此，不丹受英国殖民者控制。

1907 年 12 月 17 日，乌颜•旺楚克被拥为国王，称竺加布。取消沙布隆职衔并废除德布王，宣布国王世袭，集政教大权于国王一身，结束了神权、政权并存的历史，开始了旺楚克家族的统治。

1949 年，印度与不丹签订《印度不丹友好条约》，规定不丹对外关系接受印度的“指导”。印度每年付给不丹的津贴增为 50 万卢比，继承英国在不丹的特权。

第四任国王吉格梅 • 辛格 • 旺楚克于 1972 年即位。这位十七岁的国王，在登基前走遍了不丹的每一个角落，得出一个结论：追求幸福终究是地球上每一个角落的每一个人渴望的最高目标。

于是，他在登基时宣布“将实现幸福作为国家最高目标”，把“国民幸福总值 (GNH，Gross National Happiness)”作为国家发展基本指标。他对内完善基础设施、开放互联网、引入电视等，对外则开放了不丹旅游，并积极和世界各地展开外交往来，被视为“现代不丹之父”。

不丹创造性地提出了一套衡量国家发展和人民幸福的指标体系——涵盖九大评估领域、涉及 72 个变量的国民幸福指数总值（GNH）。简而言之，GNH 就是顺利地出生，幸福地生活，及安详地死去。

2005 年，吉格梅 • 辛格 • 旺楚克提出要将王位传给长子，并主导了不丹的民主化进程。

2008 年，不丹举行了举世瞩目的民主选举。在国王和政府的鼓励下，不丹人民踊跃投票，全国共有 31.8 万合格选民，投票率高达 79.4%。

同年，廷布举行了盛大的新国王登基大典，吉格梅 •

凯萨尔 • 纳姆耶尔 • 旺楚克发表了感人至深的登基演讲:

我在位的任期，我永远不会以国王的身份来统治你。我会像父母一样保护你，像兄长一样关心你，像孩子一样伺候你。我会毫无保留地将一切都奉献给你，我会为你的孩子做好榜样，除了满足你的希望和愿意，我别无他求。我会永远以善心、平等、公正的态度来服侍你。

迄今，不丹已实施 GNH 发展战略达 40 年之久，这个仅有 70 万人口的小国，年 GDP 虽然只有 10 亿多美元，国民却乐观开朗，自我感觉很幸福。

在和导游的攀谈中，我们了解到，不丹实行 11 年的义务教育，从小学到高中，学费和课本都免费，医疗也免费。他们都很热爱自己的国家，深以自己是不丹人为荣。

在这里，我分明看到了老子在《道德经》第 80 章中的情境重现:“小国寡民。使有什伯之器而不用，使民重死而不远徙。虽有舟舆，无所乘之；虽有甲兵，无所陈之。使人复结绳而用之。甘其食，美其服，安其居，乐其俗。邻国相望，鸡犬之声相闻，民至老死，不相往来”。

而山坡上一个用废弃的铁皮桶改造成的漆成绿色的垃圾筒，也默默地向我们再次证明了不丹自上而下被完美贯彻的环保理念:不浪费每一样物品，让每样物件都可以发挥它的最大价值！让生命活出自己的尊严，这岂不是最淋漓尽致的幸福体现?

不丹，宛若上天留给人间的一块净土，用其独特的微

用废弃的铁皮桶改造的垃圾桶

笑和纯净征服了世界。

2012 年 4 月，联合国首次以“幸福”为主题举办高级别研讨会。全世界著名学者和具有影响力的政治家齐聚一堂，而主席国就是人均国内生产总值（GDP）只有 2954 美元的不丹。

诚如不丹首相吉格梅•廷莱所言：“在过去的 50 年里，社会经历了 GDP 迅速增长期，然而个人感受到的生活质量却没有得到多大改善。人们在想‘缺乏什么重要的东西’，并最终意识到原来是没有幸福感造成人们的心理空虚。”

小国不丹，通过 40 年的践行，向全世界发出了振聋发聩的声音：幸福绝非仅仅 GDP！

廷布街景

从帕罗到廷布很近，顺着不丹国内唯一的一条公路，行驶约半小时，就进入了首都廷布。

我们下榻的 Jomolhari 酒店就在市区，很干净，大堂、房间内均有 WIFI，洗手间还预备了吹风机，超出我的预期。基于环保理念，没有一次性牙具和拖鞋，在我的意料当中。

伙食不错，虽然简单，但很清爽，也不太辣，甚至可以说，过于寡淡，并没有旅行社发的《出团通知书》中说的那么恐怖，也不同于市面上几种不丹图书中介绍的“辣椒、辣椒、还是辣椒”。据说，廷布人把辣椒当蔬菜，而不是调料。家家房顶上都晒满红辣椒。日常生活中，廷布人不仅吃任何菜都会加上大把干辣椒，而且还喜欢将不切碎的生辣椒凉拌，直接当沙拉吃。不过也许是季节不对，在我们的行程当中，并没有看到这样的景象。虽然不丹人自己爱吃辣椒，却不会把辣椒直接放在菜里，酒店一般都会单放一碟辣椒调料在旁边，供客人自己取用，不会让客人辣得没饭吃。

被不实信息误导，我们同行四人每人都买了满满一兜子食品，林林总总，有方便面、榨菜、黄瓜段、卤蛋、肉脯、午餐肉、饼干、萨琪玛、面包、蛋糕、咸菜、巧克力、姜糖等等，不一而足，重达十数斤，以至于在接下来的每一天，

廷布 Jomolhari 酒店餐厅 / 酒店旁边的街景

每一餐开始时、每一晚临睡前，我们都有一段保留对话：吃点榨菜？来个卤蛋？吃碗方便面？

然后大家哈哈大笑，散去。

廷布街景

廷布市区不大，街景很美，街道两侧分布着商店、旅馆，干净整洁。建筑一律采用不丹传统的藏式建筑艺术风格，墙面涂成红白双色，木结构的地方漆成彩绘，图案多为宗教内容。传统的藏式图腾，配上红黄颜色的装饰花纹，斑驳地诉说着岁月的痕迹，古朴肃穆。蓝天高远，白云朵朵，在山腰上蒸腾幻化，绿树覆盖，碧毯如织。

天瓦蓝，树碧绿，人至淳。在街边，无论何时何地，随手举起手机或相机，“咔嚓”一声，拍下的画面总如邮票或油画中的美景一般经典。

不丹是世界上没有红绿灯的少数国家之一，国内唯一一个交警指挥的岗亭就在廷布。其他地方都没有红绿灯，也没有交警指挥，交通却井然有序。

人们脸上都挂着亲切的笑容，慢条斯理，步态悠然，看到游客拍照，就会主动停下来。如果你提出要求合影，他们都会欣然应允。

到处都是席地而眠的狗，慵懒、毫无戒备，不管谁走近，都不会侵犯到它们的安全感，只是自管自地酣睡，让我在后来的几天，甚至发生了怀疑，它们到底有没有不睡的时候？

路边随时可见穿着藏红僧袍的僧侣，他们同样非常友善，如果希望合影，他们也会微笑着答应，从容、淡定，完全不用担心自己的无知是否会无意间冒犯了他们。

街边小店出售的物件，大多千篇一律，工艺品、装饰品基本来自尼泊尔，本地产的手工纸和邮票，非常精美，也价格不菲，一张小小的手工纸制明信片折合人民币约 10 元，一张手工纸或笔记本动辄几美元或十数美元，类似中国首日封规格大小的邮票每张价格在 500 努到几千努不等，折成人民币要几十甚至几百元。我咋咋舌，“Expensive！”导游说：“明天去手工造纸厂买。”我

Bhutan Kaze Tours & Treks
www.bhutankaze.bt
WFM
WANGCHUK FOOD MART
IMPORTED GROCERY & HOUSEWARES
NORZIN LAM -11

不丹惟一的交通岗亭

愉快地应了声“Good”。

有家小店门口贴着“我爱不丹”，不丹人的民族自豪感再次润物无声地展现出来。

在工艺品街上一家卖不丹民族特色围巾的店里，有个小女孩看到我手里的相机，高兴地和我打招呼，主动摆姿势让我给她拍照。导游说，在不丹条件不太好的家庭买不起相机，所以小姑娘对于拍照还是觉得很新鲜的。

来之前就有朋友叮嘱我，不丹的邮票鼎鼎有名，一定要买点邮票，1962 年人类第一枚会唱歌的唱片邮票就诞

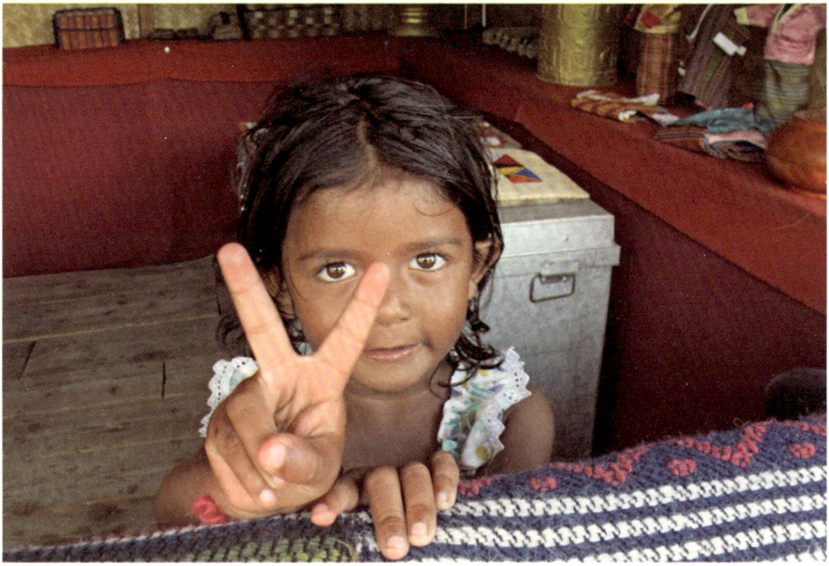

街头商店里淳朴的小女孩

生在不丹。不丹的邮票内容丰富多彩，除了表现本国宗教、民俗、动植物、王室庆典等题材之外，还发行国际球星、欧洲名画、各国风光等题材的邮品。其邮票形式多样，有世界上独一无二的CD邮票、3D邮票等。在国家邮政总局，还可以现场拍照制成能正常邮寄和保值的个人头像邮票，按邮票面值收费，不计制作费，价格很公道。个性邮票的质量，和日常彩色打印的效果差不多。不丹在邮票设计、印制和材质的特殊性和多样性上，一直处于世界领先地位，并多次在国际邮展上获奖。发行富有竞争力的特种邮票是

不丹邮票

不丹赚取外汇的主要途径之一。

临街的一条弄堂里有菜市场，非常干净整洁，没有异味，水果和蔬菜杂然纷呈。尽管蔬菜种类很少，但摆放得很有艺术美感，辣椒是重头戏，占据了主要位置。作为不杀生的佛教国家，肉类食品都是从印度进口的。

以我接触到的不丹餐饮，感觉烹饪手法非常单一，口味清淡，甚至可以说是寡淡。奶油和起司是主要的调味品，好像没有酱油，以至于我在 2 天后的半夜里，泡了一碗味千拉面的调料汤包，喝着浓浓的酱油汤，我异常满足地幸福了一把。

廷布街头不丹行人大多穿着民族服装 / 菜场里辣椒很多

有尊严的生命

在廷布街头，一位僧人感动了我们。他一直默默护持着一个拄着拐杖的残疾青年往前走。遇到台阶，僧人就停下来，站在残疾青年身后，等他上去了，就继续向前走，却不伸手扶助。

这是一种全然的信任和慈悲，他必相信这个残疾青年可以依靠自己的力量走完自己要走的路，因而只是慈悲守护却不加援手，以免损伤了他的尊严。

而那个残疾青年，满脸绽放着自信和由内心生发的喜悦，想来是在去朝拜的路上，能够依靠自己的力量完成梦想，该是一件多么幸福的事情。

我们驻足、祈祷、目送、感动、感恩，慈悲遍法界……

喇嘛护佑残疾青年

廷布街头“行乞”行为艺术

一位行乞的老人同样震撼了我。他衣着光鲜，坦然而坐，脊背挺直，平摊伸出的手淡然坚定，脸上的表情自然安宁，没有丝毫的畏缩和卑微。

从未见过如此有尊严的行乞，我们 4 人被大大地震撼了！

我几经犹豫，还是拿起相机拍下了这个画面。他看到我拍照，也并未流露出丝毫的不满和退缩，依旧那么淡然地伸着手乞讨，显然没有受到任何伤害和侵扰。

我不敢相信自己的眼睛！

神奇的不丹，尊重万物生灵的佛国，国王说要让每个人有尊严地生活，所以连行乞者也活得如此淡定和有尊严！

当我再次拍下又一位向我微笑的行乞老者时，终于忍不住向导游询问，为何不丹的行乞者如此有尊严，还穿得这么干净？

导游看完第二位行乞者的照片，告诉我："这不是乞丐，他只是一位行为艺术者，他很享受现在的表演。"

于是我又给他看第一位行乞者的照片，他点头说："这是一位行乞者。但在不丹，一般大家都不会出来乞讨，除非特殊情况，才出来行乞一到二个小时救急。只要凑到足够的钱就会停止乞讨，不会以此为生。"

我恍然大悟，心里不禁油然生出了崇敬。

在这个物欲横流的时代，有多少人希望不劳而获？又有多少人在尝到了不劳而获的滋味后还能坚决罢手呢？

然而在不丹，我看到了这样的尊严。这位行乞者身着国服，坦然伸手，没有丝毫的畏缩，他需要应急，便求助路人，攒够了便罢手，从容而去。他日在路上看到其他行乞者，想必也会伸出援手，以自己举手之劳，解他人燃眉之急。

在接下来的数天走访里，我到了更贫穷的地方，看到了更多贫穷的人，却再也没见到一个行乞者！他们家徒四壁、身无一物，穷过我看过的、我能想象的极限，却依旧活得开心、自如、安详。

在拥抱我们的时候，他们伸出的双手、敞开的怀抱、清澈的微笑、自然的气息，丝毫不亚于贵族的从容！非常抱歉，词汇贫乏的我不知道要用怎样的词语，才能无分别地体现不丹平民的尊严，只能用贵族来形容我的感受。

这个美丽的幸福小国，在第一天的大街上，就让我对“众生平等”有了深层次的领悟。

感恩如潮水，深深浸润了我的心。

廷布街头临时行乞者

长袖朝拜廷布宗

下午 5 点半到 6 点半，是廷布“宗”（扎什曲宗）对游客开放的时间。

导游提醒我们回宾馆沐浴，而且一定要穿长袖长裤，除了头部，不能暴露身体其他部位，也不能戴围巾。

而他自己，不仅穿着传统的男性服装“帼”（Gho），挽着雪白整齐的袖口，长袍盖住膝盖，脚穿长筒棉袜，还虔诚地取出了一条长约 3 米的白色披肩（Kabney），由左肩斜跨至右臀。他告诉我们，不丹男人正式的整套传统服饰，除了帼，还包括一条披肩，和一双长及膝盖的布靴子。在不丹出席正式场合，尤其是出入寺院、政教中心，不仅必须穿着传统服饰，而且肩上还要披挂披肩。而服装的材质和颜色是身份的象征：男性平民的披肩为白色，黑色披肩的是当地官员，穿绿色披肩的是法官，而黄色披肩只有国王才可以披。

女性的服装则称为“旗拉”（Kira），由一条长至脚踝的长方形编织物将身体包裹起来，并在肩膀处用胸针（Koma）扣好，于腰间绑上布带。正式场合会外加一件长袖的小外套。

男士的帼较为单调，布样多数为格子和条纹花样，内

不丹女性服装旗拉和拉楚绣巾 / 导游身着不丹男性服装帼和披肩

长路左侧建筑为扎什曲宗 / 作者与站岗的卫兵合影

衬衣也一律为白色；女性的旗拉则色彩缤纷，衬衣也能根据旗拉和外套的颜色来搭配，变化较多。重要场合，女性会在左肩披上一条名为拉楚（Rachu）的布绣。

在廷布的小店里就能找到传统的旗拉和帼，价格便宜的一般为 20 美元左右。上好的不丹服饰则采用丝绸并加上针织全手工打造，价值不菲，甚至能当成博物馆级别的艺术品来收藏。

最珍贵的帼，只有在节庆时才会派上用场。导游说，他结婚时就置办了一套非常昂贵的“帼”作为结婚礼服，价值 6200 美元，一生只穿过一次，那可真算是不折不扣的奢侈品了。

整装完毕，也检查完每个人的服饰衣领，导游带领我们沿着宽敞的迎宾道往里走，并不断提醒我们，扎什曲宗门前的长路左边是宗，右边是个小广场，广场下面有尖顶的房子是王宫，禁止照相。因此道路左边的宗可以拍照，右边的王宫不可以拍照。

来到扎什曲宗大门口，所有人的背包都要过安检，站岗的卫兵非常和善，对着每一个人微笑。我问他可以合影吗？士兵微笑着同意了。

廷布宗的彩虹

“宗”是“城堡”的意思，不丹语为“Dzong Ka”，是不丹最重要的建筑，迄今仍保留着藏传佛教政教合一的传统，一边是僧侣居住的寺院，一边是政府办公大楼。“宗”依据最严格的不丹传统建筑风格来建造，采用砖木结构，宏伟雄浑。

“宗”不仅是不丹人的精神堡垒，在战乱时代还是当地居民的庇护所。“宗”不是坐落于半山腰就是临河，占据险要的地理位置，并设有一个地底通道，通往最近的水源，以防不时之需。“宗”也设有高耸的瞭望台，用来勘察敌情和储藏弹药。因此守住了“宗”就等于守住了家园。

廷布的扎什曲宗坐落在旺楚河西岸，外墙厚实而牢固，高耸而往内倾斜，其规模堪称不丹的“宗”之最。它利用山谷的险要地势把“宗”建成难以攻克的堡垒；同时，它壮丽的造型、庙宇般的庄严构成了神圣不可侵犯的华丽与和谐，传递着一种难以言表的庄重感。

廷布宗

在扎什曲宗的屋檐下，雕刻着不丹的圣物雷龙和老虎，以期保佑平安、镇住入侵的妖魔。为了加强防御的功能，“宗”只有一个大门，从入口到内部庭院通常得经过一个对角的玄关，这能延长敌军杀入内庭的时间。

由于扎什曲宗白天是政府办公的时间，所以白天不对外开放，只有政府官员下午 5 点下班之后，游客才能进来

扎什曲宗屋檐下雕刻的圣物雷龙和老虎

参观。因为它是现任五世国王的办公场所以及内政、财政部门所在地，同时也是宗教首领和中央宗教机构的夏季驻所。

漫步在古庙幽陈的“宗”内，鸽子悠闲地停落在地上，僧侣不时从身边经过，为数不多的游人转动着祈福的转经筒，一切都是那么的从容自在。

扎什曲宗内的劳动者

我正一路念着六字大明咒，一路把转经筒转将过去。突然，刘正山博士指着远处的天边对我们大声喊道:“彩虹，快来看！”

我飞奔过去。

果然，阴云密布的天空被撕开一道缝，小半道彩虹从乌云中透了出来。

我喜极惊呼:“怎么可能？！半辈子没见过彩虹，怎么可能一天之内连见两次？！”大家都笑起来。我欢喜地喊:“拍照拍照，有图有真相，赶紧拍照留念。”

刚拍完照，太阳的金光就把扎什曲宗照亮了，一扫刚才的乌云沉沉。

出门的时候，迎面遇到了一个高贵的老者，步履从容，面带微笑，很有威仪，斜披着橙黄色的披肩，一看就是个贵族，按徐社长的话说“肯定是个副总理级别的官员”。

廷布宗彩虹

金光照射下的扎什曲宗 / 乌云笼罩下的扎什曲宗

我们和他擦肩而过，看着我们好奇打量的眼神，他便微笑着和我们打招呼，问我们来自哪里，然后在随从的护卫下，缓缓向宗内行去。

导游证实了我们的揣测，他确实是个副国级官员。

我有点懵，副国级，那就相当于国务院副总理了呗，就从我身边这么平易地走过去了？导游告诉我，这没什么的，因为下班时间才能进来参观，有时还能在路上遇到国王呢，如果你和国王打招呼，他也会停下来和你说话的。我不禁啧啧称奇。

天色渐晚，寺内人越发少了，鸽子比人多，自在地闲庭信步，也不避人，偶尔几位僧侣走过，藏红色的僧衣映着白色的墙，橙色的檐，五色转经筒显得那么和谐那么宁静。

傍晚的彩虹，稍纵即逝。幸福的感觉，却久久荡漾在心中。

舍利塔

第三章

幸福对话

THE CONERSATION OF HAPPINESS

清晨的廷布

廷布，不丹王国的首都，城市海拔 2500 多米，地处喜马拉雅山南麓，建在一条深邃、肥沃的峡谷中，楚旺河从城市穿过。

廷布很小，只有一条穿越全城的马路，有 10 万多居民，真怀疑它是世界上最小的首都。

清晨 7 点的廷布很安静，街道上静谧、空旷、干净，能听见河流湍急的水声。空气清新，沁人心脾，天高云淡，山碧水清，在大街上漫步，人如画中游。

记起辛弃疾的《贺新郎》中有那么几句："我见青山多妩媚，料青山，见我应如是。情与貌，略相似。"

我见风景如画，料他见我亦如风景。

人生想来就是一道风景，我们都是过客。只是在这段

廷布清晨街景

旅程中，我们究竟要怀着怎样的心情，成为怎样的风景呢？

在这个清凉的早晨，大口大口呼吸着清甜的空气，在浴满佛光的幸福国度里，我宁静地体验着幸福。所有的时间和空间在这一刻隐去，所有的欢喜和遗憾也都褪去，唯有这个当下的宁静……

我落泪了。

狗儿们肆无忌惮地躺在路边，看到有行人经过，偶尔抬头张望一下，便继续沉沉睡去。远处有不少环卫工人在清扫街道，清理垃圾车。

街上最多的是鸽子和流浪狗。成群的鸽子在大街上悠闲地踱着步，偶尔有车辆经过，不惊不怖。驾驶员看到鸽子也会降下速度，缓缓驶过。

没有鸣笛，没有红绿灯，也没有交通协警，清晨的廷布井然有序。

廷布街头的鸽子

随着一声垃圾车喇叭声响起，附近的居民便纷纷拿着自家的垃圾走过来，盛垃圾的工具有的是纸箱，有的是铁桶，没有塑料袋。

环卫工人将垃圾倒进车里，车里的滚筒滚动起来，将粉碎的垃圾送进车厢内。一些可回收的垃圾，如易拉罐和玻璃瓶等，则被分门别类地装入到车载的编织袋里。

在廷布，垃圾都是由流动垃圾车定时上门收集的，因此这里的大街小巷十分干净，即使刮风，也没有扬尘和垃圾乱飞。写着“use me（请用我）”的绿色垃圾筒很耀眼，在路边也很常见，人们自觉地把垃圾分类放在不同的垃圾筒里。

国家明令禁止商场和服务性场所使用塑料袋。因此为了环保，当地宾馆饭店客房里的垃圾筐从不套塑料袋，尽管收拾起来会比较麻烦。在商店购物，只能使用纸袋或布袋。如果发现哪个商店使用塑料袋，要课以重罚。

一不会儿，学生们开始背着书包、带着饭盒上学去了。

大街上随处可以看到带午饭上学的孩子们，他们每人手提一个编织筐，里面放着保温饭盒和水瓶。不丹看不到手提塑料袋的人。大家自觉遵守国家规定，把环保看作每

环卫工清扫街道

居民往流动垃圾车倒垃圾

个人的责任。

身穿校服的学生们，胸前挂着写有自己学校、班级和姓名的校牌，还有不少学生校服胸口还别着一个笑脸徽章。他们的书包都不重。孩子们边走边玩，蹦蹦跳跳，有的踢着石子，有的和妈妈玩闹，有的和小伙伴们结伴同行，快乐洋溢在他们脸上。

听导游说，不丹的学生早上八点或八点半上课，下午两点就放学了，真是幸福的国度。

公共汽车站和出租车总站连在一起，放眼望去，大部分出租车都是长安铃木。于是又忆起酒店里的电视不是海尔，就是 TCL，全是中国制造。想到祖国真强大，心中油然升起了民族自豪感。

不远处，舍利塔尖金光闪闪，我不由自主被带到了它的跟前。

清晨上学

廷布舍利塔

廷布舍利塔

廷布的舍利塔，于 1972 年由不丹第三任国王建造，里面珍藏着历代高僧的舍利与很多珍贵的佛教圣物，被认为是不丹的预言佛塔。

1974 年佛塔完成后，他却不幸逝世。

于是这里既是悼念已故国王的纪念馆，又是为世界和平而建的纪念碑，也是廷布人每日转塔最集中的地方。当地人认为转塔可以洗清先前犯下的罪孽，在这里绕塔一周便能得到诸多福佑。

踏进院门，抬头便见到门头上从左到右依次供奉着莲花生大士、释迦牟尼佛、建国大帝阿旺•纳姆伽尔，门口的警察友好地对着我们微笑。

碧空白云下，佛光普照，白鸽在塔尖翱翔，羽翼扇动的哨音，转经筒吱嘎作响的转动声，虔诚信众的念咒声，神奇和谐地混在一起，营造了庄严神圣的氛围。

大门一进来左手边就是转经筒，很多人念着咒语在转经，不少虔诚的信徒直接带着铺盖卷睡在这里，看到我们进来，露出友善的微笑。

供灯则在舍利塔旁边一个专门的殿里，导游告诉我，是担心酥油灯引起火灾，这样即使着火也不会殃及舍利塔。

有位老太太在专注地磕长头，一边喃喃念着咒语，一边五体投地跪拜下去。不知不觉间，我也五体投地，磕了生平第一次长头。

徐社长问我，你学过磕长头吗？怎么神情、姿势、顺序那么标准？

我说没有啊，只是自然而然磕下去的。

或许听从了心的指引，事情就会自然发生。当我们剥离了对尘世和外相的执着，心就会自然安宁下来，自然会知道自己想要的一切，也自然会做自己想做的事情。

禅宗六祖惠能说：“何期自性，本自清净；何期自性，本不生灭；何期自性，本自具足；何期自性，本无动摇；何期自性，能生万法。”我想就是这个道理了。

因打前站比我们早 10 天抵达廷布的上海“玩家旅游”

转经和磕头的信徒

不丹太后来拜祭第三世国王

董事长刘伦先生正好赶上了第三任国王的祭日，所有的王族成员，包括王太后都到场参加祭祀法会，他有幸拍下了一些非常珍贵的画面。

从照片中不难看出，贵族确实是贵族，从血液里流淌出来的气息，自然带着高贵。只是，他们都很平和、谦卑、温软，没有凌厉、高人一等的优越感。慈悲、平等，佛陀的教化渗入了他们的骨髓。

可惜要赶时间，刘总没能等到国王抵达，只好先行离开了。

不丹王室成员来拜祭第三世国王

拜祭第三世国王

廷布总医院

出了舍利塔的大门，正对着就是廷布总医院(Thimphu General Hospital)。若非导游明确告知，我怎么也不会想到，这些像度假村般的建筑群落，竟然会是医院。

我迫不及待想去看看全民免费医疗的医院，到底是什么样的条件和设施。

门口有小商贩在卖矿泉水，我正准备支持一下买点什么，导游让我赶紧留意身边。我定睛一看，原来是几个警察带着犯人来看病，犯人戴着手铐和口罩，看不真切，但觉得并没有那么凶神恶煞。

跟着警察和犯人一起往里走，就是门诊大楼。

廷布总医院 / 警察带犯人来医院就诊

总医院医疗大楼前的雕塑

楼前的雕塑色彩鲜亮，吸引了我的目光，两边是雷龙，中间自下而上依次叠加着猪、蛇、鸟三种动物。

记得导游曾告诉我，猪、蛇和鸟分别代表着贪婪、嫉妒、愤怒和对美好事情的渴望等，我说那不就是佛教中的“贪、嗔、痴”嘛。

现在看到这尊雕像，我有了自己的理解，从佛教的角度说，贪嗔痴是心病了，心病就会导致身体生病，而雷龙是不丹王国的守护神，雷龙护卫在猪蛇鸟的身边，是不是就代表着让我们守护好自己的心呢？

佛教说：“贪嗔痴慢疑，五毒皆菩提”，“心即是佛，心即是魔”，守护好我们的心，放下恐惧、贪婪和嫉妒。心中没有怨恨，只有喜悦，哪里还会生病呢？人间自然处处都是和平的净土，不是吗？

不丹王国吉格梅•廷莱首相在《幸福是什么》一书中曾提及：上个世纪医学科技突飞猛进，却都集中在攻克非传染病的治疗。全球约 64% 的死亡可归因于慢性病，全球人口的 12%（约 4.5 亿人）罹患心理疾病，还有愈来愈严重的酒瘾、药瘾、关系破碎、暴力、忧郁和自杀等等。而这些，都是由不健康的生活方式和形态引发的。因而不丹王国强调用健康的生活方式，来摆脱诊疗和医治。

在雷龙守护的医院里，我看到排队看病的人们脸上并没有太多的痛苦，到处都很安静。有个随父亲来看病的小男孩看到我们在拍照，很好奇，主动过来和我们玩耍，没一会就摆姿势让我们尽情拍照，甚至还做起鬼脸，和我们玩闹了起来。

心不生病，哪里都是健康的阳光！

佛，魔，一念间！

去拜会 CBS 研究院卡玛院长的路上，我问导游，不丹是个佛教国家，一般犯罪原因有哪些？

导游回答我："不丹的犯罪率很低，尤其是谋杀、绑

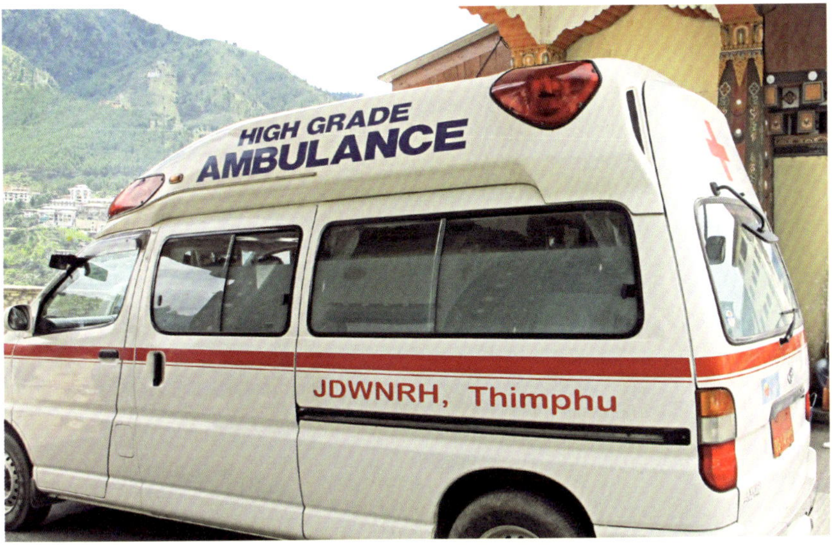

不丹的救护车 / 就诊的患者

架很少。以前不丹没有监狱，人若犯了重罪就会被直接扔下悬崖。现在有监狱了，有些人因为穷，会偷盗，一般小偷会判 1—5 年，谋杀会判 50—60 年监禁，还有特别严重的罪行，如亵渎神灵会判终身监禁。不丹没有死刑。”

停顿了一下，导游非常遗憾地说：“有些人很坏，会偷盗舍利，因为舍利拿到黑市上卖，收到的钱能买一辆宝马或一套房。”

说到这里，导游的眼神黯淡下来，语调也变得低沉，显然不丹自 1999 年开放网络和电视以来，由闭塞带来的淳朴和幸福感已或多或少被打破。

上海“玩家旅游”的刘伦董事长也告诉我：“不丹确实值得去，国民也很淳朴。只是我在不丹期间的走访更深入，去了游客罕至的地方。在岗提的冬虫夏草集市上，我看到了资本主义的萌芽，在这个交易市场的不丹人，眼睛里闪烁着狡黠的光，燃烧着欲望之火。”

不丹之前过着自给自足的生活，对生活的要求自然低，如今开放对传统带来的冲击势不可挡，这个小国正在经历现代化的变迁和挑战。

我们惯性地认为，人在物质富足之后，才有资格谈论精神富足，谈论文化、环保、慈善、公益等更超然的话题，然而笃信佛教的不丹和睿智的第四世国王，显然早就清楚欲望之兽会吞噬幸福，破坏共生共荣，因此反其道而行之。他们选择损之又损，将人对物质的需求降到最低，来换取精神上的富足；坚守公平永续、世界大同的理念，来保护社会、自然与人的和谐发展。他们也用控制入境旅游人数，来降低现代化对不丹的冲击。然而逐渐开放的不丹，已不可避免地开启了潘多拉宝盒。

看着廷布上空碧蓝的天、仙雾般的云，不远处保存完好的森林和自由飞翔的鸽子，揣摩着导游突然黯淡的眼神，略带悲伤的语调，我不禁自问：面对外界的洪流，不丹人脸上那种发自内心的淳朴笑容，还能保持多久呢？我惟有发自内心的深深祝福：祝愿这个美丽的小国，能走得更稳更好；能用它的纯净，为世界带来更多幸福的参考和指引！

值得庆幸的是，世界上已有越来越多的国家和元首们开始认识到“幸福指数”的重要性，法国总统和英国首相都先后提出以“幸福指数”来测量人民的心理状态及对生活环境的满意程度，而不是一味以经济数据来衡量一个社会的文明程度。

在不丹的倡议下，2012 年 12 月 28 日，第 66 届联合国大会宣布，追求幸福是人的一项基本目标，幸福与福祉是全人类生活中的普遍目标和期望，决议将今后每年的3月20日确定为“国际幸福日”。

3月20日，大约春分时节，太阳直射赤道，昼夜等长，象征着心灵与物质并重的均衡发展，才能臻至幸福之道。中国在2013年也提出了“中国梦”、“美丽中国”的概念，中华的复兴之梦，不仅包括物质的富足，还有心灵的富足。改革开放三十年来，中国经济迅猛腾飞，已一跃飞升为经济实力第二大强国，然而不少人在一味追逐物质富足的同时，却走了极端，道德缺失、底线沦丧，已成为社会的共识，礼义廉耻的教育迫在眉睫，提倡传统国学的呼声也越来越高。愿龙的传人不仅家园美丽、生活美丽，更要行为美丽、心灵美丽，这所有的美丽结合在一起，才会带来普世的幸福。

自由飞翔的鸽子

传统的国家艺术学校

一走进国家艺术学校（National Institute for Zorig Chusum）的大门，一组动物雕像就激发了我的兴趣：大象站在硕果累累的树底下，猴子骑在大象身上，兔子站在猴子肩上，小鸟又立在兔子头上。

我径直走上前，左看右看，总觉得似曾相识，几天后又在普纳卡宗和竹巴衮烈尊者庙的壁画中再次看到。奇怪的是，之前我并没有见过，或许是我上辈子的记忆吧。

导游紧跟着解释道："这是一个非常古老的、很有寓意的故事。鸟衔来种子，兔子耕地，猴子灌溉施肥，长出大树，结出果实，大象守护这块土地。这代表着人类的分工与和平共处；也代表着不同的教派（佛教、基督教、伊斯兰教等）能和平共处，共同守护人类的家园。"

见我点了点头，他才接着介绍："这里是艺术学校，

学校庭院中的雕塑

艺术学校大门 / 学生课间休息

教授各种传统的可以谋生的技艺，比如雕刻、绘画、缝纫、泥塑等等，所以在这个学校里，四个不同专业的同学毕业后就可以合伙开一家小店铺，自谋生路了。”

冯博士翻译完后，直接带了一句：“其实就相当于我们中国的技校。”

我们进去时，正赶上课间休息，在教室走廊的一端有一面铜锣，上下课还是通过古老的敲钟方式进行。听到下课的锣声，同学们三三两两散在楼梯上、走廊里、操场上休息、打闹，看到我们来参观，都腼腆地冲我们笑。

“雕刻，可不是个容易的活，”走进第一个教室，导游指着正在雕刻的一个小伙子说，“像这个最基本的图案，要学一年才能独立完成，复杂的要学三到五年。”在导游的带领下，我们按照从简单到复杂的程度，依次参观这些教室，看到同学们的雕刻手艺如此精湛，止不住地啧啧赞叹。后面的教室一个比一个复杂。泥塑同样也是从简单到复杂，一位学生正在和泥团，导游告诉我，几尊还没上色的菩萨就是泥塑成型的，我目瞪口呆，差点坐空摔倒在地上。

绘制唐卡的教室尤令人赞叹。一直听说绘制佛像，要遵守严格的线条比例，眼、耳、鼻、嘴相距多少，都有明确的规定和讲究。今天终于亲眼领教，佛微笑的唇、低垂

学生木雕作品

练习的学生

的目、不同的手印、衣袂飘起的角度，都被分隔成一个个严格比例的小图。

这个教室里孩子们的眼睛都恨不得直接贴到纸上，这么精细的比例，除了专注、用心之外，别无他途。我有些担心他们会不会近视啊，可仔细瞅瞅，居然没有一个戴眼镜的，难道是绘制佛像功德极大，自有佛菩萨加持？

在缝纫教室，很多年轻的女孩子正在用手工方式缝制传统服饰，每一件成品都是考究的艺术品，传统美的韵味十足。

进入一个简陋的教室，有个看起来像是灶台的玩意，导游特意停下来问我们这是什么？我们围着灶台转了好几圈，也没看明白，最后才知道是不丹人制作简单戒指和首饰的设施，也就是中国俗称的“铁匠铺”。看到不丹还停留在如此简陋的手工作坊阶段，冯博士悠悠地叹了口气，

描绘唐卡的学生

学生在泥塑

说：“还是咱中国的老祖宗厉害啊，几千年前我们的青铜器工艺就很先进了。”

我深表认同。朋友常说，越出国越爱国，我也一样，每次出国，都会被激发深深的民族自豪感，无论在哪个国家，我总是能由衷发现祖国的美。当然不丹的原始淳朴，会让人心中油然生起一种宁静，也很美很动人。

不丹制作简单首饰的设备

拜会卡玛院长

不丹国家研究院（CBS）掩藏在一片极富层次感的绿树带中，深绿的松、翠绿的不知名的树、嫩绿的灌木翠竹、茸绿的草地，间或点缀着粉艳的花，显得生气勃勃。

沿着两侧碧树如丝绦的山路往前走，林木掩映的小径边有幢独栋小楼，就是卡玛院长的办公室。

我们于 11 点 30 分准时抵达，一如导游叮嘱，每个人都穿上了长袖——宗庙、办公室，这样的正式场合都需穿长袖。

办公室里悬挂着第五任国王和王后、第四任第五任国王的画像，在我们所到之处的公众场合到处都悬挂国王画像。院长卡玛•尤拉先生（Dasho Karma Ura），和我们尤其是中国民生指数课题组核心成员刘正山博士交流了很多关于幸福指数方面的问题，上海浦东干部学院的冯静武博士做了非常精准的现场翻译。

卡玛院长开始的态度还比较官方，刘博士单刀直入，问他如何处理 GNH 指标体系中主观指标与客观指标的关

CBS 研究院入口 / 卡玛院长办公的独栋小楼

作者在给卡玛院长介绍情况 / 卡玛院长签名赠书

系。他的态度立显平和，与刘博士进行了详细讨论。他告诉我们，幸福更多是一种主观感受，但是作为 GNH 而言，客观指标更为重要。

听到上海远东出版社的徐忠良社长说要专门出版一本深度解析不丹幸福的图书，院长很高兴，立即签名送了 2 本他的著作给我们参考。

接下来，我送上了独特的礼物——由秋浦书院院长张真老师的聋哑弟子绘制的茶器，一把古朴的小壶。听到这把壶是由聋哑学生制作的，卡玛院长十分高兴和赞叹，表示非常欣赏，并再次告诉我们会请助理查询一下他的行程表，如果时间不冲突，一定来中国参加新书发布会和幸福研讨活动。按规定本不允许拍照，但卡玛院长还是高兴地与我们合影留念。

从院长办公室出来，我们身轻如燕、浑身轻松。

传播幸福，是多么美好的事情，有谁不愿意添砖加瓦呢？

返程的路上，徐社长看到了掩映在翠绿山谷中的一处绝美的地方，他定睛看了好几眼：碧茸茸的草地如绿绒毯一望无际，配上蓝天白云，碧树青山，就是一幅水墨天成的风景画。那不就是一个标准的高尔夫球场么？他大喊停车，拿着一个相机，兴冲冲地朝球场走去，一向稳重的刘博士也拿个相机要去看个仔细。

两人边走，边拍，边看，一直向球场深处走去。

回到车上，只听得他们不断地赞叹和感慨。看来不丹并没有那么闭塞，与现代还是很接轨的。

廷布高尔夫球场

民间遗产博物馆

不丹的民间遗产博物馆（Folk Heritage Museum），个人觉得其实就是保存得比较完好的原始民俗文化馆。

首先映入眼帘的是“煨桑炉”。

煨桑是用松柏树枝焚起烟雾，祭拜天地诸神的仪式。

煨桑时，先将柏树枝放置桑炉内点燃，然后再撒上些许糌粑、茶叶、青稞、水果、糖等，最后再用柏枝蘸上清水向燃起的烟火挥洒三次。

人们认为，桑烟可以直达上天神住的地方。煨桑者口诵“六字真言（ong ma ni bei mei hong）”，就可将人间的美味传递上去，使诸神欢喜，从而保佑人们平安幸福。

在不丹，无论寺院或百姓家，都会发现煨桑炉，而不管煨桑炉设在院落中央、房顶还是墙上，都是经过精心选择的最为洁净之处。绕过煨桑炉，迎面看到的是水力转动的经筒和水力磨面的石磨。

导游说，以前他家也是这样的。不丹之前过的都是早

煨桑炉 / 水力转动经筒的屋子

门楣上悬挂的牛头和阳具

五点起、晚六点睡的原始生活模式，正是天醒我也醒，天睡我也睡。

博物馆的自然民俗房整栋由木榫结构建成，没有一颗钉子。

进门处，悬挂着牛头和阳具，据说可以起到辟邪驱魔的作用，与我们中国人的门口悬挂照妖镜和八卦镜作用类似。早听说不丹是个阳具崇拜的国家，今日亲眼见到。

导游说，阳具被认为是金刚杵，有降魔的作用。这里的阳具崇拜不算厉害，到了普纳卡，漫山遍野都是阳具崇拜的图腾。

进入庭院内，不再允许拍照，便随导游带领依次参观了不丹人的原始生活用品、粮仓和炊具等，整体的感觉还真是停留在中古时代。

房子共有三层。一层主要放置的是生活类家具用品，有些是耕作的家什，有些是晒谷物的席子，还有谷仓和马厩，可见是个大户人家。

二层是居住的卧室，还有取暖的设备，在家里最好的位置供奉着佛像。导游说，不丹家家户户都会在最好的

水力转动的经筒

位置供奉佛像。这户人家对于佛陀和僧侣的敬重尤令我赞叹，因为这一层居然有专门为做法事的僧侣准备的单独卫生间，而他们自己全家都没有一个卫生间。可见不丹作为一个佛教国家，对佛法僧的膜拜尊重早已深入民心。由此我又联想到在泰国机场候机室看到的座椅枕片上给老弱病残孕让座的提示，也是僧侣的位置排在第一个，在佛教国家中，僧侣的尊崇地位可见一斑。

第三层是一个小的阳台，再往上的屋顶是一个露天的晒谷场。在阳台上可以看到整个院落。院内还种植着各种水果树，旁边还有水稻，不丹人自给自足的生活由此佐证。有趣的是后庭院内的有个一分为二的长方体大木桶，导游让我们猜测这是干什么用的？我想了想说："洗澡用的？SPA？"

导游点点头："确实，这就是原始的热石浴。天冷时，不丹人把石头烧热，放在体积小的一面，然后把水倒进去，用热石头的温度来把水烫热，然后抽掉堵在隔板中间小洞里的填充物，水便慢慢流到大桶里，就可以供人洗澡了。"

不丹原始洗澡木桶

在不丹这么简朴的生活条件下，能拥有这套洗浴设备，怎么着也应该算是奢侈品了。

我们打趣说，看起来这家小院的主人，之前怎么也得是个族长喽！

导游说几百年以来不丹人都是这样的生活方式，现在随着不丹现代化建设程度的不断提高，开始陆续告别传统房屋。不丹国王看到中国、印度发展得那么快，认为孤立并不好，不该拒绝现代化，于是在 1999 年开放了电视和网络，现在不丹人的传统生活模式正被逐渐打破。但是不丹人并没有忘记传统。他们一方面建造了民俗博物馆和国家博物馆，让大家知道以前的不丹人是怎样生活的。另一方面为了让年轻一代记住国家的历史和文化传统，不丹政府还特别规定，不论什么样的新式建筑，其屋顶必须是不丹风格。

不丹，这条沉睡在喜马拉雅南坡的雷龙，正慢慢睁开眼睛，一只脚还留在中古时代，另一只脚却已踏入 21 世纪。如何在面对外界文明冲击的同时保有本国传统文化的精粹，确实是一种挑战。

回来的路上，看到了不丹奥林匹克运动场，旌旗招展，颇有些气势。

手工造纸厂

不丹是一个全面禁止使用塑料制品的国家，因而在不丹商店购买东西，店主用来包装物品的要么是环保袋，要么就是价格不菲的手工纸。

导游记得我昨天的要求，带我们去参观本地的手工造纸厂（Jungshi Handmade Paper Factory）。

过了旺曲河，就能看到一尊端坐在云端的金刚座释迦牟尼大佛。大佛位于廷布市区南部的山上，由新加坡和香港华人富商捐资，中国的公司承建，花了数年时间建成，总成本超过 1 亿美元。大佛高 51 米，被认为是世界上第十七高的佛像，内部可容纳 10 万尊 8 英寸和 2.5 万尊 12 英寸的佛像，从这里可以俯瞰廷布市区和旺曲河河谷。

爬到半山腰，我们来到了廷布唯一的一家私人手工纸作坊。还没进门，先看到浸泡在池子里的树皮。不丹的手

廷布大佛

工纸都是用树皮制作而成，工序繁杂，要经过浸泡、煮沸、抽丝、平贴、压紧、晾干等6道工序，才能制出一张张成纸，整个过程纯天然纯手工制成，非常环保。

作坊里的女工正在淘浆抽丝，只见她娴熟地用平网框在浆池内抽纸，整套动作大概仅需要十几秒，一张漂亮的手工纸就完成了。

然后还要一张张平贴、压紧、晾干等等。虽是相同重复的动作，但每个环节都不可少。

成品手工纸皱皱的，颇有岁月的沧桑和厚重感。

纸张的种类很丰富，有些在纸浆里添加了各种色彩艳丽的植物花瓣或茎、叶后，具有特殊的效果和美感，非常有质感。这些纸有很高的艺术品质，是制作高档图书和工艺品的上等材料。

在小展厅里，我惊讶地看到了各种手工艺品纸，还有各种纸张做成的笔记本、便签条、日历、信封、信纸、明信片、礼袋、包装纸等等，高级大气，纹理漂亮，质朴沉稳。

据了解，这些纸由于是纯手工制作，每天的出纸量只有500张左右；如果是加工复杂的纸，产量会更少。因而

手工造纸厂场景

各种手工纸

这些纸张价格也很昂贵，全开大约人民币 100 元 1 张，而普通的全开也需 10 元 1 张。

为我们包装时，花费了不少时间，我们告诉售货员，每件纸制品都要单独封，因为是礼品，要送给不同的人，小伙子毫不吝啬地给了所有商品单独的信封，每个信封也都是手工纸制成，古朴大方，我登时觉得自己占了大便宜。

拜访肯赞前首相官邸

我们在手工纸厂流连忘返，一不留神时间过得飞快，说好下午三点要去前首相利翁波 • 肯赞 • 多吉（Lyonpo Kinzang Dorji）的官邸拜会肯赞前首相，转眼时间就快到了。

我们一路飞奔，紧赶慢赶还是迟到了几分钟，心中真是忐忑和过意不去。

到了门口，导游扣了扣铁门。门并没锁，轻轻一推，门就开了，我们跟在后面，觉得有点不可思议，堂堂前首相官邸的大门口，居然没有警卫。

正诧异间，肯赞前首相亲自从院内迎了出来，笑容满面，说一直在等我们，很高兴能在家里接待我们。我赶紧致歉，说因为太喜欢不丹的手工纸了，以至于流连忘返，耽误了时间。肯赞前首相微笑着摇摇头，说：“没关系，

不丹前首相肯赞先生官邸 / 前首相在门口亲自迎接我们

很高兴你能喜欢不丹的手工纸。”

肯赞前首相的夫人和女儿都站在门口迎接我们，并亲手为我们奉上了茶点。我们真是受宠若惊，也呈上了带给肯赞前首相的特制礼物，由张真老师的聋哑弟子绘制的茶器，一枚匠心独具的孤品古风茶叶罐。

肯赞前首相十分喜欢，尤其听到这个茶叶罐是由聋哑孩子做的，更是反复打量、爱不释手。我拿出在台湾的合影试探着问：“肯赞阁下您还记得我吗？2月份我们在台湾见过。”

前首相答：“当然。”说着，他从书架上拿出一本相册，翻到我们的合影那一页，说：“你看，这张照片我也有。”

气氛异常融洽，我们分别向肯赞前首相介绍自己是谁，并就吉格梅•廷莱首相《幸福是什么》一书在大陆的推广活动规划做了汇报，邀请他和洪启嵩老师一起出席。

肯赞前首相听了新书的活动安排，当即首肯一定会出席。闻听我们还要再专门出版一本深度解析不丹幸福的书，他很高兴，欣然应允为我写的这本书作序。并告知已帮我们联系好了 GNH 委员会卡玛•塔斯蒂姆（karma Tshiteem）秘书长的拜会时间，他明天上午 9 点半会在办公室里等我们。

在愉快的交谈中，一个小时转瞬就过去了，肯赞前首相的夫人和女儿不时为我们斟茶续水，吃着她们亲手为我们烹制的糕点，真的感觉太幸福了！

辞行时，肯赞前首相再次亲自把我们送到门口，一一握手告别。

回程的路上，我很感慨，虽是小国寡民，肯赞先生也是堂堂一国的前首相，没有任何架子，如此的和顺谦卑，这在我以前的思维中，是不可想象的。

佛家说："众生平等。"不丹做为一个佛教国家，想必早已深谙此中真谛，才有了举国上下这般的和谐统一，言行一致，身心合一。

回想自己往昔的种种傲慢，不禁深深惭愧和自省。

庆幸、感动、感恩，感恩自己能有这样幸运的幸福之旅！

赠送茶叶罐给肯赞前首相 / 为肯赞前首相讲解情况

肯赞前首相亲自送我们出门

国兽塔金

不丹的国兽“塔金”（Takin），是国家一级保护动物，相当于中国的大熊猫。

此兽头如羊、角似鹿、体如牛、尾似驴，长相十分奇特而逗趣，一脸的憨态，活脱脱是个“四不像”，生活在廷布的微型动物保护区里。

塔金被选为不丹国兽，不仅因其独特的造型，也和不丹人崇拜的“藏传佛教济公活佛”竹巴衮列有关。

竹巴衮列是一个流浪者，经常以惊世骇俗的方式宣扬佛法。

相传他于15世纪旅行到不丹，当地信徒希望能见证他的法力，竹巴衮列说：“你们请我吃牦牛肉与羊肉，我就会让你们看到奇迹。”饱食一顿后，竹巴衮列将羊头插

塔金

入牛的骸骨中，念了咒语，一弹指，塔金就诞生了。

实际上，“塔金”是一种生活在喜马拉雅山麓东边的珍稀羚牛。目前整个不丹境内，仅剩下 300 头左右。保护区里除了羚牛，还饲养了包括驯鹿及山羌等多个鹿种。

由于不丹国策中特别重视环保、保护动物，有将近 200 种哺乳动物和超过 600 种的鸟类把这里当成永远的家。

在不丹的道路上，随时随地可见牛、马、狗、鸟、鸽子，

路边的野鸟 / 不丹国家动物保护区内的麋鹿

仿佛马路是它们家开的，从不避让行人和车辆，反而是我们避让它们。车辆悠悠地走，动物慢慢地踱，看着动物们的从容，自己也惬意起来。

晒得黝黑的“玩家旅游”的刘伦董事长比我们玩得High，有一天是骑自行车出游，因此他看到了很多动物，还抓拍下了树上的金丝猴和草地里的野鸡。

刘总说，不丹确实是个野生动物园，金丝猴随处可见，就在路边，各种美丽的鸟俯仰皆是，人与动物和谐相处。

看资料写：有缘分的人，还可能遇见雪豹、孟加拉虎、白腹苍鹭、印度象等世界濒危绝种动物。

资料又写：不丹男人的传统服装幅很大，腰腹中间被腰带束成一个大口袋，不仅可以装钱物等，还可以装匕首，以防遇到黑熊时防身。

我看到这段心里曾犯嘀咕：可能嘛？总觉得是不是吹牛。

现在看到路边这么多小动物，又请教了导游，我真信了。

旋即想起了一个佛教故事，说有个和尚路上遇到一只老虎，手无寸铁的他不惊不怖，双手合十，念起了六字大明咒“ong ma ni bei mei hong”，老虎即温驯地离开了。

不丹是个不杀生的佛教国家，漫山遍野都是五色经幡和转经筒，水力推动的转经筒在林涧也很常见，有能量的咒语必定会护持不丹，带来和谐和平安。动物们未经历过人的凶残杀戮，对人没有敌意和惧怕，又常年听闻佛音，在佛的咒语里被感化，与人和平相处，是完全可能的。

下山的路上，突然下起了雨，路边有个售卖不丹传统围巾的小摊子，我们在那里避雨，也顺便照顾了一下她的生意。年轻妈妈有些品味，价格公道，花色也雅致，女儿被她打扮得俨然是个古装小美人，皮肤吹弹得破，眼睛又大又亮，宛若两颗黑宝石，十分可爱，让人情不自禁亲了上去。

小摊的可爱母女

第四章

晴空彩虹

THE RAINBOW
IN THE CLEAR SKY

会见 GNH 委员会秘书长

8月7日晨，我们再次来到了正对王宫的政府大楼——廷布的扎什曲宗，GNH 委员会秘书长卡玛•塔斯蒂姆先生（karma Tshiteem）的办公室就在这里。

导游又检查了一次我们的衣着是否都是长袖长裤。

刘博士仅带了一件红色的冲锋衣外套，导游面露难色："进政府办公楼最好不穿红色。"可刘博士里面的衬衫是短袖，身着长袖衬衣的徐社长立即脱下身上的黑夹克："刘博士，您不介意的话，穿我的可好？今天您可是重头戏啊！与秘书长交流幸福指数，全靠您啦。"

刘博士轻松地说："放心吧，我列了 6 个问题，先从温和的不太尖锐的问起，学术探讨嘛，由易入难。"

黑夹克很合身，也很稳重，登时衬托出刘博士的专家风范，马上从专业驴友变身成了经济学家，还真有点

不丹王国政府大楼

七十二变的效果。

我拍拍冯博士的肩："冯博士，您受累啦，又靠您翻译了。"

冯博士作势抹了抹汗："今天太专业了，我'压力山大'啊！"

等下的会晤，徐社长和我肯定最轻松，想到这儿，我心花怒放。

迎宾道上静悄悄的，只有我们几个的脚步声。远山上的大佛垂眉敛目、似笑非笑地注视着我们，不悲不喜。

白天的扎什曲宗尤为安静，空旷的广场寂寂无人，鸽子在悠闲地踱着步。

办公大楼内部不允许拍照，善解人意的导游说，他会帮我们争取会面时的拍照留念。果然，他做到了。

一轮背景介绍后，刘博士与卡玛•塔斯蒂姆秘书长的精彩对话开始了。

刘正山博士自 1999 年开始研究幸福指数，研究面深入广泛，涉及海内外幸福指数排名前列的所有国家，幸福指标体系的优越性及缺陷在他眼中一览无余。

他参与了中共中央党校、全国人大、国家自然科学基金等多项课题研究，也是中国民生指数课题组的核心成员。

民生指数通俗地说就是幸福指数，他的一些观点得到了中共中央政治局、国务院、中央统战部、国家发改委、国土资源部等部门的重视。

他的《幸福经济学》一书是《光明日报》等评定的“2007年度中国十大学术热点”代表作之一。

刘博士先请教了不丹国家研究院（CBS）和GNH委员会这两个机构的差别，经过解释我们才明白，CBS是个研究机构，而GNH委员会是政府机构，由15个部门组成，有决策和执行功能，近似于中国的发改委，但又比发改委权力大。首相是委员会主席，所以秘书长说，首相是他的大老板。通俗形象地说，卡玛院长是学者、国师，相当于政府的智囊团；而卡玛•塔斯蒂姆秘书长则是官员身份。

搞懂了这层关系，刘博士开宗明义，问了在不丹幸福指标体系中，主观指标和客观指标各自所占的比例。

这个问题非常专业，直指核心，卡玛•塔斯蒂姆秘书长一听眼睛就放光了。所谓“行家一伸手，便知有没有”，秘书长非常高兴可以和泱泱大国的专家探讨幸福指数的问题。

他介绍了很多不丹幸福指标体系的情况，告诉我们，在不丹修建任何一家医院、学校，甚至即使是修建一座桥，也要衡量这件事情是否能增加国民的幸福感，由此来决定做或不做一个事情。

因此，很多指标，在我们看来是主观指标，在他们看来却是客观指标。

在这个部分，刘博士问得很细，卡玛•塔斯蒂姆秘书长也有问必答，会晤时间一延再延，竟过了一个半小时。

卡玛•塔斯蒂姆秘书长向我们介绍不丹选择以“教育”作为推动现代化的核心，强调不因地处偏远而低配学习资源。截至 2010 年年底，不丹适龄儿童入学率为 92%。不丹的教育分为以下几个层级：小学（primary school），为 1 ～ 6 年级；中学（high school），为 7 ～ 10 年级；高级中学 (higher secondary school)，为 11 ～ 12 年级；大学（university），为 13 ～ 15 年级。其他还有各类专业的学院（college），如师范学院、医学院等等。小学和中学，近似免费，每个孩子每年只缴纳 10 美元的费用，除了买书、校服以外，其他费用均由政府承担，包括教师的薪水，学生在学校的寝宿、饮食等。

最后，刘博士问了一个较为尖锐的问题：不丹王国的物价偏高，而国民收入水平偏低，这样会不会影响国民的幸福感呢？

听到这个问题，卡玛•塔斯蒂姆秘书长笑了，频频点头说：“是啊，这个对我们来说，是很大的挑战。”他拿

拜会 GNH 委员会秘书长卡玛·塔斯蒂姆先生

出了不丹王国政府制定的 2008—2013 年五年规划书给我们看，说随着五年计划的开展，不丹就像是从古代一脚踏进现代，1999 年开放网络和电视，外界的冲击在所难免。政府坚持环保，对国民实施 11 年的义务教育和医疗免费，也通过限制旅游人数、提升入境游客的高收费来避免过多外来文化的冲击。不丹征收的税收也较高，从而可以通过提供免费的医疗等途径予以平衡和提升国民幸福感。不过确实，这是个很挑战的问题。

GNH 委员会秘书长卡玛·塔斯蒂姆先生

听到这里，我不由想到了安吉，那是我个人见过的目前中国最幸福的地方。安吉和不丹很多类似的地方，注重生态环保，森林覆盖率 71%、植被覆盖率 75%，街道干净、空气清新，每个人都很友善，从内到外都散发着淡淡的和谐。

而且安吉一点也不穷，富裕的安吉靠竹子和白茶带动了旅游、农家乐产业，每个村庄都有便民服务中心、医疗站，

不丹王国 2008—2013 年五年规划书

农民家家户户基本都有小轿车，村村有净水，户户有网络。“仓廪实而知礼节”，安吉是个安富乐道的好地方啊！

不一定非要闭塞、贫穷，才能保有淳朴和幸福啊！

正出神，听到刘博士在问，不丹百姓医疗也是全免费吗？

卡玛•塔斯蒂姆秘书长笑着点点头，摊开手说:“是的，不仅对不丹国民免费，对外来客人都免费，比如您。抱歉，我当然不是真的希望您生病，我希望几位朋友都健康，但是，如果你们病了的话，医疗也是免费的。”

我们在惊讶和赞叹声中结束了会晤，并奉上了精心准备的礼品，一管极能代表中国传统文化的沉香。

我介绍了沉香是沉香木经受雷电击倒，枝干发生损伤，分泌的树脂在伤口凝结沉淀，经年累月才形成的。好的沉香对身体很有好处，所以中国古代文人都喜欢焚香，诗情画意，又养护身体。

卡玛•塔斯蒂姆秘书长饶有兴趣地问:“那我可以打开看看吗？”看到我们点头，他取出一支香闻了闻，随即赞叹地笑着致谢。

当我们提出能否和他留影时，他竟提出陪我们到办公楼外取景。

合影时，我看到了他身上佩戴的宝剑，便请教他是习俗吗？

“是的，在不丹，有一定身份和地位的人才可以佩戴宝剑。以前宝剑都是真的，但现在我们不需要通过舞刀弄剑来维护和平，我们要用笔来创造幸福！”说到最后一句，幽默的卡玛·塔斯蒂姆秘书长用手在天空下比划了一下拿笔的姿势，笑了起来。

说起佩剑，便引发了昨日拜见卡玛院长和肯赞前首相时，他们是否也佩剑的话题。

徐社长观察细致，他说卡玛院长昨日右腰挂银鞘宝剑，

向 GNH 委员会秘书长塔斯蒂姆先生赠送中国沉香

与卡玛·塔斯蒂姆先生合影

与秘书长的宝剑应该在一个档次；而肯赞前首相接见我们时既没有带披肩，也没有佩宝剑。

想来是场合不同吧，虽然他们都是不丹政要，秘书长和院长是现任部级高官，又是在政府大楼和研究院办公场所，接待中国专家，属于正式的公务活动和外交场合。他们带披肩佩宝剑接待我们，既是身份的象征，也是对我们的礼遇和尊重。

印象中，院长的披肩是藏红色的，而秘书长的披肩是白色的，估计国师比秘书长的等级要高一些。我们揣测，卡玛院长相当于中国的社会科学院院长，还有可能是全国政协副主席吧。

而肯赞前首相是已经卸任的政府首脑，又是在自家官邸接待我们，属于私家场合。对我们而言，官邸接见，礼遇更隆，也更为亲切、温暖和随意，体现了肯赞前首相对我们访问不丹的重视，更是把我们当成自家亲人看待，也体现了对中国的友好。包括肯赞前首相亲自到门口迎接我们，夫妇和我们一一分别合影留念，再亲自送我们到门口，都是把我们当成自家亲人啊。

往外走的时候，我们看到了披着蓝色披肩的王室仪仗队和30多位正在整装、等待觐见王国政府首脑的地方官员，他们一色的标准国服——暗红底色细格子纹的帼加白色或蓝色披肩，还有五位右腰佩剑，级别相当高的政府官员。他们列队从我们身边走过时，面对我们悄悄举起的相机，和大街上遇到的任何一个不丹人一样，面露微笑，从容、配合，只是步履不停、谦谦而去。

雷龙国旗下的王室卫兵身着深蓝色军装，佩戴蓝色肩章，头戴深蓝色军帽，双目平视，叉开双腿，手持长枪，

一队前往政府大楼的地方官员

军容庄严，颇为威武。刚拍完官员的背影，一转身又看见了国旗护旗手交换班的全过程，真是大饱眼福、收获满满。

我们赞叹刘博士的问题到位，展现了泱泱大国的学者风范，刘博士谦虚地摆摆手："哪里，哪里，只是学术探讨。"

我们又夸奖冯博士的翻译精准，冯博士脸都红了，说哪有啊，好几个专业的词，我都翻得不准确。

徐社长说："得了，您二位就别谦虚了，我们晚上庆祝一下。”

我接了句：“方便面？”

大家会心地笑了，这是几天以来我常挂嘴边的一句，尽管知道吃不完可以送给导游和司机，可那是我们千里迢迢从中国跋山涉水背到不丹的，好歹也得象征性地吃一点吧？

当晚，三位绅士慈悲，果然满足了我，在晚饭后喝茶之余，一人吃了一碗方便面，我很知足。

感恩！幸福，又如此轻易地降临了！

弯弓英姿

不丹射箭场，纯阳之地。

一走进奥林匹克运动场内的射箭场，满眼都是穿着传统服饰、拿着弓箭的铁血男儿，英气勃勃！

箭手们射箭的姿势都非常漂亮，搭弓，斜举向天，再慢慢拉平在胸前，瞄准，射箭，动作娴熟流畅、一气呵成，如行云流水般酣畅、淋漓、痛快，看得我意动神驰。

眼前仿佛出现了《射雕英雄传》中的画面：一匹汗血宝马，一把对月弯弓，郭靖大侠引弓立马，驰骋在襄阳城头，面对强虏来犯，手不留情，箭不虚发，谈笑间，强虏坠落马下。

从这些不丹射手弯弓射大雕的英姿当中，深刻感受到了雄性的力量在他们的血液当中流淌。

导游告诉我们，在不丹，作为“国术”的射箭（不丹语 datse）不仅仅是一项娱乐，也是民族传统文化的重要标志之一。

射箭手

射箭手成绩

国内几乎所有的村庄、部落都有射箭场，而每个宗也会在邻近空处设立靶场（不丹语 bha cho）。上自国王大臣下至平民百姓，人人都是射箭好手。

农闲时，男人三五成群相约到附近山上举行射箭比赛，比赛往往要持续三四天，有时甚至长达一两个月。箭手们吃住都在一起，谈天说地，饮酒跳舞，射箭成为重要的联谊、社交活动。

传统的射箭比赛，有两组穿着不丹传统服饰的参赛队

靶子

伍，在相隔约 150 米之远处（奥运标准是 50 公尺）设立比赛用的小木靶。

因为距离远，每当一个人射完，箭手们就会聚集到靶子前查看结果，并举起不同颜色的丝条示意比分情况。

如果有人射中靶心，他们就会唱歌庆祝。

导游正介绍到这儿，一个箭手射中了，立即有几个队友走出来，聚到一起，围成了圈，边唱边跳，还不时发出兴奋的怪叫声，分明在向对手们示威。

检查射箭比分的裁判 / 射中靶心的射箭手小组一起唱歌跳舞庆祝

一会儿工夫，有几位队友射中了靶心，我们也观看了好几场极具雄性魅力的歌舞表演。

看完箭手们的纵情欢舞，导游接着介绍道：“现代不丹人已经很少使用传统的木质弓箭了，经济条件好的不丹人以拥有一把现代化的美国复合弓而自豪，价格相当不菲，一把弓要 1000 美元。因此，能用得起美国复合弓的，基本算是贵族运动了。”

难道穷人就不玩弓箭了？

当然 NO！

弓箭是不丹男人展示自己男子汉力量的标志！

穷有穷的玩法，贫穷的人使用飞镖进行比赛。

隔天下午，我们就在河边的草地上，领略了另一群不丹男人的雄姿。

英雄纪念碑

不丹的城市与城市之间要通关，都需要查验签证，设一张桌子，一两个警察往那儿一坐，就算海关了。

我们顺便买了点当地的苹果，外形大小有点像中国的“小国光”苹果，200 努 12 个，折人民币大概 2 元钱一个，因为没农药，富含维生素，可是吃到嘴里真酸，口感真没办法和“小国光”相比。

廷布往东，约一小时车程，就到了海拔近 3140 米的多雄拉山口（Dochu Pass），五色经幡密密缠绕在树林中，随风飘扬。仙雾弥漫中，一组佛塔群渐渐露出了古朴简洁的色彩与线条。

“看着有点像少林寺的塔林，”我轻声嘟囔了句，“是存放舍利或高僧遗骨的吗？”

导游说，这组佛塔共有 108 座，名为“楚克旺耶纪念塔”，亦称“凯旋佛塔（Druk Wangyal）”，是在 2005 年为了纪念在剿灭不丹南部反政府武装战斗中牺牲的烈士

雾中的塔林

们建立的，相当于中国的英雄纪念碑。

20 世纪初，有大量尼泊尔人移居到不丹南部的平原生活，尼泊尔人有自己特有的风俗习惯和印度教的信仰，一直无法融入并认同不丹文化。

后来，不丹政府为保护传统文化，颁布了名为《基本行为和着装条例》（Driglam Namzha），强制所有不丹人在出席正式场合时必须穿上不丹国服等一整套礼仪。教

楚克旺耶纪念塔林

育政策也起了变化，取消了尼泊尔语的课程。

这些政策引起了尼泊尔人的不满与抗争。与此同时，印度大吉岭的“葛尔卡民族解放战线”呼吁在不丹南部地区建立葛尔卡自治区，严重威胁了不丹的领土主权。为此，第四任国王辛格•旺楚克率军南下，在短时间内将游击队驱逐出境。

为了纪念保家卫国壮烈牺牲的勇士，同时也为了祈祷世界和平，2005年，第四世国王的大皇后阿嬉多杰•旺姆•旺楚克提议修建了这108座佛塔。

导游说，这里也是欣赏喜马拉雅山的最佳地点，晴空万里时，能看见喜马拉雅延绵不绝的山脉雄姿。

我们拾阶而上，太阳在薄雾中时隐时现，偶尔云开雾散，猎猎风动的五色经幡便清晰起来，呼啦啦随风招展，似乎在为亡灵们诵经。

煨桑炉中的新松柏枝尚未点燃，在心里为这些烈士们祈祷，也为世界和平祈祷！

Ong ma ni bei mei hong……

山上有一家饭店，导游让我们吃完饭再赶路，一路崎

煨桑炉

岖向上，山路在薄雾的笼罩下显得越发陡峭，而山边的野花和树枝却伸展出一种别样的生命力，温婉中透露出力量之美。拾级而上，一家饭店展露在宽敞的晒台上，狗儿们慵懒地趴在地上，石阶旁还有一家工艺品商店，二位匠人

享受喜马拉雅南麓的静谧

正在手工刺绣艺术品。徐社长坐在门前的椅子上，面对着喜马拉雅山脉的方向，深深地吸了几口气，闭目静默，四处静悄悄的，晒台上的一盆小花默默地从绿芽中爆出了粉艳的蕊。

美，无声蔓延……

饭店前台的服务员很养眼，饭店里四处悬挂着历任不丹国王的画像，还有在艺术学校看到的那幅大象、猴子、兔子、鸟儿和睦图，饭店里还有一家艺术品商店。我们匆匆吃完饭，就又出发了。

阳性能量的普纳卡

过了多雄拉山口，海拔开始急速下降，我们直奔普纳卡而去。一辆喷绘着民族特色图案的卡车，也与我们同路。

普纳卡是不丹的旧都，因地势平缓、天气暖和，成为不丹最宜居的地方之一，也是不丹皇室及高僧的避寒胜地，素有“普纳卡冬宫”之称，故而做了 300 年的不丹首都。

普纳卡海拔低，阳光也充沛，加上土地肥沃，梯田很多，所以一年能收获两次稻米，生活相对富裕。

高大的松柏逐渐被翠绿的梯田、低缓的平原取代，一眼望去，翠生生，碧油油，绿得无边无际，美得让人无法呼吸。

又通过一个海关的查验签证，我们进入了这个美丽的平原。

Sobsokha 村，是著名的阳具崇拜村。在这里，门框

著名的阳具崇拜村——Sobsokha 村

两边、墙体、屋顶，都有醒目的彩绘“阳具”和龙、虎、鹿等辟邪、祈福图案。

传说这个奇异的信仰习俗来源于不丹人最崇拜的“癫狂圣贤（类似于藏传佛教中的济公活佛）”——竹巴衮列（Drukpa Kunley，1455—1529）。他是个可爱的佛教领袖，佛学修养高，法力无边，喝酒吃肉，无所顾忌，很有点济

墙面上的阳具图腾

公的意味，“酒肉穿肠过，佛祖心中留”，一生居无定所，常在中国西藏和不丹之间游走、传教。

竹巴衮列推崇“阳具”无敌，宣称“大阳具”如同“金刚杵”，能用来鞭击山妖恶魔。因而这里的人们把阳具图醒目地绘制在高高的外墙上，降妖除魔、祈福求子。

《金刚经》有云：“凡所有相，皆是虚妄。”又云：“一切有为法，如梦幻泡影，如露亦如电，应作如是观。”放下虚幻的外相，摒弃概念中的条条框框，才能放下尘世的枷锁和羁绊，脱离心魔幻化的迷相，进入内心的自性光明。

莫非这就是竹巴衮列尊者以放荡相示现、点化众生的本意吗？

也有人说：“清者见之谓清，浊者见之谓浊。”

我想，若连清和浊的分别也去掉，或许就稍窥佛家“非善非恶”的不二法门，亦能稍悟六祖惠能“菩提本无树，明镜亦非台。本来无一物，何处惹尘埃”的偈语真义了吧。

当然，佛家亦有云，“开口便错”，请大家原谅小女子胡言乱语则个。

绿野小精灵

在朝拜“癫狂圣贤”竹巴衮列尊者庙的绿野仙踪上，我们遇到了一群快乐的小精灵。

碧油油的水稻放射着耀眼的绿光，闪花了我们的眼。和煦的风吹拂在脸上，夹杂着稻谷的芬芳和山风的清凉。我正欣赏着葱郁美景，迎面走来一群放学的孩子，看到我们对他们微笑和打招呼，他们兴奋地一拥而上，对着相机做出各种鬼脸。

一个秀美的小姑娘和一个帅气的小男生，一边一个拉着我的手，用流利的英语夸奖我“You are so beautiful”，我开心地闭不拢嘴，“谢谢，你也很美，你也很英俊！”

小女孩接着问我：“你可以唱歌给我们听吗？”

我愣了 0.01 秒，没想到会接到如此快速直白的邀请，

碧绿的普纳卡

快乐调皮的小学生

看着孩子们期盼的眼神，我毫不迟疑地点头说：“OK！”

不加思索，我就唱起了《娃哈哈》：“我们的祖国是花园，花园的花朵真鲜艳。温暖的阳光照耀着，每个人脸上都笑开了颜。娃哈哈，娃哈哈，每个人脸上都笑开了颜。”

小精灵们高兴地鼓起了掌，一个小姑娘扑在我怀里说，“你唱得真美，你像王后一样美！”

天啊，我的心都醉了，这可真是夸死人不偿命啊！

我的幸福感瞬间提升到最高点，不过还是有点理智地反过来邀请小精灵们：“你们可以唱首歌吗？”

“好的！”孩子们重重地点点头，马上组合出一男一女，声情并茂地在田埂小路上开始了表演。听不懂唱的是什么，但是真好听，音乐、微笑都是世界上通用的语言，不需要翻译，不需要语言，就可以跨越国界，直击人心。

孩子们清脆的歌声，如银铃般在田野的小路上回荡，我的心再次融化在了幸福里。

唱完歌，孩子们依旧恋恋不舍，拉住我的手不肯放，一个小女孩说：“我们为你们跳舞，好吗？”

我大大地惊喜了，好啊好啊！急忙把相机转到录像档，徐社长和二位博士的照相机也拍个不停。

帅气英俊的小男生和两个秀丽淳朴的小姑娘站成一排，很有明星范儿地开始又唱又跳，男孩刚健，女孩婀娜。真是几世修来的福报啊，能看到金童玉女为我们献上这么珍贵的童心和爱心。

我激动地把相机交给导游，也冲上去和他们一起舞动生命的旋律。

有多久，没有这么纯粹地舞蹈呢？表达对生命的热爱、对大自然的礼赞、对他人的爱？

又有多久，没有这么毫无防备地敞开怀抱，对一切生命展开由衷的微笑、欣赏和赞叹呢？

还有多久，没有这么放纵自己的歌声，在天地间自由高歌，奔放地流淌所有的情绪呢？

如此感激，在这个瞬间，这群精灵般的孩子们，带我们返璞归真，回到婴儿的状态。

跳完舞，我情不自禁地依次抱起两个小姑娘旋转。

爱，无国界！生命，无高下！智慧，与学识无关！

在这一刻，小精灵们做了我的生命导师。

孩子们拉着我们几个的手，一张一张翻看数码相机里刚刚拍摄的照片，久久不肯散去，3 位男士也被感动得无以复加。

冯博士掏出名片，一张张发给孩子们，说："你们可以给我写邮件，等你们长大了，如果去中国、去上海，一定要找我！我会把你们的照片发邮件给导游叔叔，请他洗印出来，等他下一次来的时候，一定带给你们！我承诺！"

孩子们高兴地点头，还是不肯离开，于是我们就牵上

和不丹小学生一起跳舞

他们的手，一起上路了。小姑娘的手，柔柔地握住我的，全是信任和快乐。

我的心，被柔柔地击中了。

“我带你去我家吧？”小姑娘仰脸邀请我。

“真的吗？好啊！”我感到莫大的荣幸。

小姑娘很雀跃，因为我接受了她的邀请。她快乐地摇晃着我的手问：“那你还能再唱首歌吗？”

“好啊！”我唱起了《两只老虎》。孰料，我唱了没多久，她们也跟着唱起来了，一个调子，原来这首童谣世界通用啊！

小姑娘的家一穷二白，妈妈从窗户里友善地看着我，对我微笑，但没有邀请我进去，可能是担心没法招待我。我抱了抱小姑娘，告诉她我也会把照片发给导游叔叔，请他洗出来带给她们，就上路了。

出门遇到了一群牛，慢吞吞地走在黄土路中间，颇有一种此路是我开的“路霸”意思，后面不紧不慢跟着一辆汽车，也不鸣喇叭，任由牛儿们霸着路面，和谐、恭让、不焦不躁。

爱天、尊生、敬万物，不过如此了吧。

小学生的家

牛霸着路慢吞吞行走

合影

快乐的小学生

晴空彩虹

前往竹巴衮列尊者庙的路上，满眼满世界，一片伤心绿！

不要误会哦，这里的“伤心”是形容词，代表无以复加的程度。

绿得伤心，意思是绿得不能再绿了，没法比这更绿了。

本不想咬文嚼字，只是实在想不出除了这个词，还有哪个词能形容我当下的感受。从昨天开始，这个词就一直出现在我脑海里，我嫌解释起来麻烦，总想弃而不用，可是现在，词穷的我投降了。

真的，普纳卡，就是一片伤心绿的组合，没有别的词可以更准确表达！

沿着小路一直往上走，两边是开阔的绿草地，风很急，刮得两边的树叶和经幡直往一边倒。

普纳卡

普纳卡绿原

竹巴衮列尊者庙门前

碧草幽幽，蓝天白云，远处炊烟袅袅，抑或是煨桑的霭霭烟雾，弥散着舒心和惬意，心情如风一般自由。

路边一个男人带着三个女人在纳凉，看起来很亲密，也很和谐，像是一夫三妻。一问导游，果然如此，而且导

一个男人和他的三个妻子

游还告诉我们第四世国王辛格•旺楚克就拥有 4 位倾城倾国的美貌王妃，而且四姐妹还出自一家的亲姐妹。这 4 位姐妹王妃共为有“齐人之福”的国王养育了 5 位王子和 5 位公主。两个较大的公主在美国斯坦福大学上学。第三位王妃生的儿子吉格梅•凯萨尔•纳姆耶尔•旺楚克，在美国波士顿大学和英国牛津大学完成学业后回到不丹继承了王位。

我问导游有几个妻子？他说目前只有一个，但不排除再娶几个。

“那你老婆会生气吗？”我刨根问底。

导游轻松地回答：“估计生气也会生气，但也不会太愤怒，毕竟不丹王国允许一夫多妻。还有，别以为只有男人有特权，我们这里还允许一妻多夫呢。”

“啊！”我惊讶得眼珠子都快掉出来了，“听说你们这里无所谓结婚离婚，只要感情好就在一起，不在乎形式，是吗？”

导游摇摇头说：“其实不全是，既然住在一块儿，就有责任互相照顾一辈子，所以很多人还是愿意履行结婚手续。不过，不丹的离婚也算是家常便饭。可能妻子今天跟你离婚，明天就嫁给别人了。”

我想，或许是因为不丹的一夫多妻制和一妻多夫制并存的原因吧，大家不会把感情全部投注在一个人身上。而且，刘博士从经济学的角度说，不丹的贫富差别并不大，离婚和重新选择，不会产生较大的财务矛盾，也不会降低生活水准。

竹巴衮列尊者庙前的茵茵绿地上，不少人围着煨桑炉，席地而坐，还有一些人散坐在四周的长凳上。一位老人手持念珠，静静坐在墙边，小鸟展翅飞过，在他头上的白墙投下影子，形成一幅绝美的禅意画。

几位金发碧眼的欧洲老外，相携从我们身边悠然走过，可见对幸福的追求无国界、无宗教、无信仰限制。幸福，本是全世界共同的追求和信仰。

咒语声不绝于耳，原来我们赶上了喇嘛们在诵经，善男信女们坐了一地，我们也倚墙坐下来。有位老“菩萨”很慈悲，让我坐在他身边的空垫子上，见到我双盘，他微笑颔首。

诵经结束后，主持法会的大喇嘛用象牙碰触我们的额头，为我们加持、祈福，并把圣水洒在我们的右手。

略带薄荷味道的圣水入口一片清凉，导游给我们做示范，喝一半，剩下的一半抹到头上和拍在脸上。

因缘殊胜，不胜喜悦！

从庙里出来，已过 5 点，艳阳依旧不减热情，烈烈投射在碧绿的草地上，发出耀眼的绿光，真是绿得伤心啊！整个绿草地宛如一块巨大的魔毯，吸引着我不由自主走到草地中央，我决意要在草地上打个滚。

一条黑白斑点相间的狗看上了我们，撒着欢跑前跑后

禅意十足的画面

跟着，一直跟到草地中央。

我仰面躺了下去，它也跑到我旁边躺下来，我侧头一看，它的姿势居然和我一样，就和它玩了起来，男士们拍下了整组连贯的珍贵镜头。

正玩得欢，突然冯博士喊了起来："彩虹！彩虹！"

我一骨碌坐起来，果然，半道彩虹在天边发出夺目的光彩。

我发疯般地奔向彩虹，发出一声长长的、刺耳的、堪媲美噪音的欢呼声，无法想象，无法相信，无法不尖叫，

和小狗在草坪玩耍

无法不震惊，怎么可能又见一次彩虹？！

我们疯狂地拍照，各种姿势、各种角度，尤其是我，激动得语无伦次，怎么可能？怎么可能？？怎么可能？？？

在10分钟的时间里，我大概只会重复这一句。

而冯博士，则说了一句极具前瞻性的预言，“基于在廷布和普纳卡都见到彩虹，我完全有理由认为我们在帕罗也会见到彩虹。”

徐社长说：“那是的，我也完全相信！”

与彩虹合影

彩虹居然越变越长，不像前 2 次那样很快消逝，而是越来越粗，越来越清晰，赤橙黄绿青蓝紫，能清晰辨认每一层光晕。

拍照，拍照，还是拍照；欢呼，欢呼，还是欢呼！

我们的欢呼声，引来了 2 个小喇嘛，我们热情地邀请他们一起与彩虹合影，小喇嘛友善地配合我们一起拍照，那只小狗也不失时机地凑到镜头里。

不错，We are family！照相当然应该在一起！

晴空碧野，小喇嘛藏红色的袈裟与绿草地形成强烈的色差，白云升腾处，彩虹凌空高悬，架起了一座通往净土佛国的天梯。

我已经幸福得不会说话了。

阳光下的普纳卡

第四道彩虹

彩虹过了大约半小时才散去，导游满面笑容，耐心地等着我们，小狗也一直陪着我们肆意欢笑。

在徐社长、冯博士和我都在感叹不可思议的时候，刘博士却理性地开了口：“你们发现了没有，这几次的彩虹都只出现了一半？”

我叹为观止，专家就是专家，虽然也很 High，却还是保持着冷静和理性。幸福指数的研究需要客观指标和主观指标兼顾，刘博士在感性和理性之间转换自如、游刃有余。

徐社长说：“是不是这里的空气特别清新、干净，所以容易出彩虹啊？”

“嗯，有可能。”冯博士接了句。

这种男人的话题和思维模式我根本不关心。此刻，我宁愿相信这是佛菩萨的慈悲显灵，预示着与幸福相关的事情一定会顺利推动下去。

另外半道彩虹

目送着天边的半道彩虹渐渐消逝在云影里，我们兴高采烈、打道回府。落日的余晖暖暖洒在我们的身上、心上，心情无比的快乐、轻松、自由！

大约半小时，我们回到了小精灵们为我们唱歌跳舞的乡间小路上。冯博士福至心灵，不知为何突然回头看了一眼，便又嘶声喊将起来："彩虹，彩虹！又出现了一道彩虹！"

我赶紧回头，怎、么、可、能！

一道彩虹，不知何时又静悄悄地出现了！

而且，这次，是另外半道，正好可以和之前的那半道拼成一道半圆。

我、要、疯、了！

我高兴得快要发疯了，跳着笑着，指着这道彩虹，崩溃得说不出话来。

怎、么、可、能？？

怎、么、可、能！！！

佛菩萨怎么可以对我们如此慈悲，如此恩典？！

不生不灭，不垢不净，不增不减，真实不虚！我不得不承认，我修行还不够，还容易被外相所迷惑和牵引。

不过，就这样，我接受了，接受我定力不够，先让我放纵一会儿吧！

我无法用语言表达我的震惊、震撼和狂喜，只能用图片来说明：

请看刘博士，如此淡定理性的刘博士，秀出了武功招式；

请看徐社长，如此老成持重的定海神针，激情澎湃洋溢；

请看冯博士，挑起的大拇指，不知道究竟是赞叹天气，还是我们的运气；

请看本人，头发凌乱、合不拢嘴，只知道傻笑了。

拍完狂喜照后，理性的男人们很快恢复了正常。

刘博士对冯博士说，你问问导游，是不是每天出现彩虹是个正常现象？

导游耸耸肩，“我不确定，也没有留意过，但应该不是天天出彩虹。”

而我，早已百分之五万地笃定，这一定、必定、绝对是佛菩萨的慈悲显灵。

不管你们怎么想，反正我信了！

好兆头，这必定是一次圆满的幸福之旅！

我暗暗地、明目张胆地想着，喜悦落了满地，又从地上反弹起来，直奔彩虹的幸福光芒而去……

彩虹合影

万道霞光

圣塔彩虹

第五章

圣塔彩虹

THE RAINBOW
IN THE HDY PAGODA

轻松茶话会

Meri Puensum 酒店坐落在可以俯瞰普纳卡的山上，环境幽谧。大堂门前有个小亭子，恰在半山腰，晚风习习吹过，十分凉爽。

亭子旁边是转经筒，周围依旧悬挂着五色经幡。在不丹任何一个能歇脚的地方，肯定能见到转经筒。

旅店房间里没有网络，必须要到大堂，门口的小亭子便成了最受欢迎的地方，饭罢纳凉的旅客三三两两闲坐在亭内，吹着夜风、赏着美景，很是惬意。

基于公务拜谒卡玛院长、肯赞前首相及卡玛·塔斯蒂

Meri Puensum 酒店 / 酒店内的转经筒

Meri Puensum 酒店房间 / 从酒店俯瞰山下

姆秘书长的任务均已圆满完成，且今天连见二次彩虹，我提议开个联欢茶话会。

大家都很赞同，便跑到徐社长的房间里欢聚。

我毛遂自荐，以一曲陈慧娴的粤语歌《人生何处不相逢》开场，拉开了飙歌序幕。

徐社长 1988 年曾师从著名藏学家王尧先生研习藏语文和藏族历史文化，这几天早已勾起了他记忆深处的藏学梦，他旋即哼起了低沉深情的藏语歌《拉萨姑娘》。虽然 25 年未曾开唱，可心中的旋律何曾淡忘？

刘博士也很绝，声情并茂，给我们唱了一首哄女儿睡觉的摇篮曲。

冯博士说："你们都这么专业，我怎么办？真是'压力山大'啊！"琢磨了半天，他居然唱起了《两只老虎》，被我断然拒绝、不予通过，"这个歌我白天唱过了，不算不算"，我起哄。他只好又重新唱了一首《小草》。

第二轮，我朗诵了一段席慕容的小文："在我们的世界里，时间是经，空间是纬，细细密密地织出了一连串的悲欢离合，织出了极有规律的阴差阳错。而在每一个转角，每一个绳结之中其实都有一个秘密的记号，当时的我们茫然不知，却在回首之时，蓦然间发现一切脉络历历在目，方才微笑地领悟了痛苦和忧伤的来处。”

徐社长和刘博士曾参加过我主持的圆满茶会，徐社长叹叹气说：“怎么办？她是主持人，唱歌、诗朗诵都会。这样吧，我给你们再唱一遍《小草》，不过是用方言唱的，应该有不同的味道。可以吗？”

我拍手称好，冯博士马上抗议，不公平：为什么我唱《两只老虎》就不行？

我不容置疑地说：“人家是方言啊，有新意，通过！这种小事，我说了算！”

徐社长用绍兴话唱的《小草》，笑破了我们的肚皮。

家乡话嘛，这个能激发灵感，刘博士来了一段陕西腔，“他大舅他二舅都是他舅，高桌子低板凳都是木头”。

来自河南的冯博士当仁不让，豫剧《花木兰》铿锵登场……

整晚一片欢声笑语，三位男士个个全才，民歌、方言、诗朗诵，样样皆精；样板戏、东方红、我爱北京天安门，也响彻不丹的国土；更让我快活的，是在我劝说下，大家又一人消化了一碗方便面和一个卤蛋，真是完美啊！

黑狗护卫

早晨八点是早餐时间。刚坐下来，就见满头大汗的徐社长手持相机兴冲冲地走进餐厅。

敬业的徐社长每天都早起观察和拍摄当地的风土人情，然后和我们分享所见所闻。

今天，他特别兴奋，顾不上吃东西，就拿着相机一张张翻过去，向我们讲述今天清晨酒店的小黑狗陪伴他闯原始森林的故事。

从相机里看，清晨五点半的酒店还悄无一人，只有餐厅透出做早餐的厨师操劳的身影。

我们都还在睡梦中见周公，勤奋的徐社长却已然出门

晨曦中的酒店

晨曦

忠义小黑狗

了。晨曦中，飘渺的云雾在微曦的晨光中升腾、变幻，庭院中路灯通明，几只护院的狗慵懒地躺在地上。酒店的木门虚掩着，徐社长的开门声惊醒了趴在门边的一只小黑狗。

“小黑狗的眼睛很清澈，它护卫着我一起走了二个小时。真是太感人了！”徐社长动容地说。

徐社长放轻脚步，生怕吵醒了大家，转弯，上坡，下坡，在酒店庭院中缓步观赏美景，并不断拍下照片。每幢房子的造型各异，客房多少也不等，有的二间，有的三间，有的五间。

黑狗摇着尾巴，一直紧跟着徐社长，亦步亦趋，一步不落。当徐社长走出酒店院落大门时，黑狗迟疑了一下，抬眼看了看，得到徐社长鼓励的目光，就跟着他身后沿着山路下行了。

酒店东面是成片的森林，深绿的参天大树与灌木丛杂然相间，地面上各色野花缤纷绽放，叫不上名字的鸟鸣声此起彼伏，间隔着传来远处汪汪的狗叫声。正是空山人寂寂，鸟鸣破晨声。

透过树丛，远处是普纳卡小镇和普纳卡河两岸的村落，传统的藏式民居与新式建材造就的房子，依山而建，错落有致。这些极富民族文化特色的建筑，笼罩在晨雾之中，偶尔露出缥缈一角，少量民居上空已然升起炊烟，一片浑然天成的宁静。

徐社长被美景吸引，不知不觉拐进了一条林间小道。

小道两边有不少倒地的大树、树桩、树根，无数的松果散落四周，中间耸立着刚刚露头的林间蘑菇，泛着晨露，清新可喜。松鼠、小蛇、山鸡在水沟、小路旁不时悠然穿过，满是大自然的清新。

森林中空无一人，只有这条忠义的小黑狗紧紧跟随，护卫着徐社长，一步一步穿行在森林之中。

晨雾中的村落

徐社长说，这条充满泥土芳香的土路，其实就是一条山民或狗、牛走出来的羊肠小道，高低不平、十分难行，时常需要弓腰侧身，钻过树梢，还常常踩到没脚的松针，好几次差点滑倒。真是欣喜不断，惊吓也不断。

森林中的空气，清新异常，透过体肤，沁入心扉，简直就是超级天然氧吧。徐社长伸开双手，透出几口大气，顿觉体内换了一个天地，通体舒坦，跟随了十几年的咽喉炎也不见了踪影。

造型奇特的松树

早晨林间的空气颇为寒凉，徐社长走得浑身冒汗，被凉风一激，不禁全身发紧。在空无一人的森林里，飒飒风声中，隐约有悉悉索索声不绝于耳，一人一狗，穿行在古木森森的山林中，不自觉有了寒意。幸而小黑狗一直默默地跟随在身前身后，带给徐社长很多安全感。

穿过几百米羊肠小道，眼前豁然小溪奔流，沿修整过的沟渠一路欢笑泻入河中。溪水清澈透凉，拂到脸上，清滑薄凉。

林中松树，多有连根孪生，长到三五米高时，分为两叉，挺拔高耸，苍然，森然，蔚为奇观。照片翻到这里，徐社长止不住地称奇：“你们看，太神奇了，这么多同根生的松树，是不是这里的树种比较奇特呢？”

看到一条盘山公路后，徐社长穿越原始森林的紧张心情大为放松。竖着尾巴，在徐社长身前身后紧张来回的小黑狗，登时也放松了，撒开欢快跑起来，转个弯就不见了。

穿越了树林的遮挡，普纳卡镇、河岸村庄，一览无遗。弯弯曲曲的梯田，翠绿的水稻，葱郁的灌木，袅袅的炊烟，让徐社长大饱眼福。

转过山弯，小黑狗正蹲在路边静静等候，让徐社长顿觉温暖。

徐社长说："你们知道吗？这时我心里多温暖啊。我用手摸摸小黑狗的头，它舔舔我的手，就一路摇着尾巴跟着我往回走。"

公路上传来清晰的跑步声，徐社长回身一看，是个中学生，穿着一身白，一路小跑而来，看到他这个外国人在公路上拍照，特意放慢脚步，朝他颔首致意，互道早安。

路旁稻田里，已有辛劳的老农在施肥、拔草。炊烟升腾处，简陋的石棉瓦屋顶上，耸立的卫星电视锅盖天线若

上学路上的孩子

隐若现，现代与原始的味道在这里重叠。

房主人家的黄狗看到徐社长身边的小黑狗，马上欢叫着从家门前，连续跳跃，冲上来欢闹在一起。一辆救护车从镇里开来，车里的医生看到他这个外国人和两条在公路上欢闹的狗，也停下来同徐社长打招呼。

普纳卡河宽五六十米，水流湍急，奔涌翻腾，声势浩大，轰然作响。一座二十米宽的钢架桥梁，横跨两岸，不时有运货的长安铃木汽车、马车经过。

7 点 40 分，徐社长和小黑狗安全返回酒店。在酒店门口遇到 2 位上学的山村小男孩，搂抱着欢快前行，看到满头大汗的徐社长，便停下脚步，主动问候他早安，还问徐社长是新加坡人吗？当得知是中国人时，不禁大为惊讶。

回到酒店，尚不见我们的踪影。酒店服务员正手持芦苇扫把，将路旁散落的树叶扫入垃圾筒内。已经步行了 2 个小时的徐社长，真有些疲惫了，便坐在台阶上，一边休息，一边用长焦拍摄对面村庄的景色。

正拍摄山坡对面 2 个早起上学的女学生时，徐社长突然感觉右肩被搭上了，转头一看，不禁吓了一大跳，一条比小黑狗大一倍有余的大黄狗，正伸出舌头，一对前爪搭在他肩膀上呼呼喘气呢。

发现大黄狗好奇地打量着自己手上的数码相机，徐社长亲昵地拍拍它的脑袋，大黄狗才放下搭在徐社长肩上的爪子，摇摇尾巴，转身离去。

这时徐社长突然生出了后怕，如果这是在森林里，如果搭在他肩上的爪子不是大黄狗，而是黑熊或野狼什么的，那后果真是不堪设想了。

徐社长的讲述生动曲折，配着照片看精彩纷呈，简直像看现场直播。

我们钦佩羡慕的同时，也情不自禁升起了担忧后怕。在空无一人的原始森林，万一遇上那些大型食肉动物或者有攻击性的毒蛇，岂不是有生命危险？

然而，清晨孤身闯森林，感受独特的清新，又与人类最友好的朋友——一只素不相识的小黑狗，在如此短的时间里这般亲近，建立如此难得的信任，徐社长觉得十分幸福和感动。

“能获得小黑狗的护卫相随，与大自然亲密接触，我真感叹、感动、感激、感念、感恩！”

听着徐社长一连串的感慨，我们三个不禁艳羡不已。

爱人者天佑之，再次向徐社长致敬。

普纳卡宗

第二天一早，导游先带我们来到了正对普纳卡宗的公园眺望全景。

隔河而望，普纳卡宗在流速相对缓慢的“母亲河”（Mochu River）和湍急奔流的“父亲河”（Rhochu River）的交汇处（Punatsangchu River）巍然矗立、气势恢宏。两条河一湍急一平缓，如阴阳交汇，激荡着天地造化的壮观景象。从照片中可以清晰地看到，两条河流的水流颜色在交汇处形成明显色差，右边的“父亲河”水流颜色偏黄，应该是湍急水流带下来的泥沙；左边的“母亲河”则因流速缓慢，能沉淀泥沙，故而水流清澈。

几个不丹学生在普纳卡河岸对面画速写，阳光透过枝梢，洒在树阴掩映的小土路上，显得十分静谧。公园的小亭子上围满了五彩经幡，虽然褪了色，别有一种宁静的美。大树下的石头上用红油漆写着环保倡议，清洁的路面，空空如也的垃圾筒，无声地传递着不丹的环保理念。一个不丹小男孩蹲在地上，好奇地看着我们，露出纯真的微笑。

父亲河与母亲河 / 石头上的环保标语

河边画速写的不丹学生

公园里的不丹孩童

走出校门的学生

跨出公园大门，迎面而来，又是一群牛路霸，过往的汽车依旧不惊扰、不鸣笛，缓缓从牛群身边通过。

公园对面，有一座美丽的山丘，树影婆娑、碧草如茵，山门上画着精美的图案，我还以为是个观光景点，结果导游说，那是学校。正在怀疑真假，几位同学从学校大门里走了出来，证实了导游的话。在这么美的环境下上学读书，真真羡煞人也！

木头廊桥

普纳卡宗建造于1637年间，是不丹历史上第二座宗，被誉为“不丹最漂亮的宗建筑”。正午的阳光投射在普纳卡宗上，院前流水汤汤，碧空白云依依，丛林掩映下的塔尖熠熠生辉，碧树红花，白墙金塔，好不神圣庄严！

通过一座长55米、精美的木头廊桥，就进入了富有传奇色彩的普纳卡宗。进门处门廊上的解说牌，告诉我们原廊桥曾被大水冲毁，新廊桥由吉格梅•廷莱首相依照传统风格于2008年重新建造。

普纳卡宗入口

导游给我们讲述了美丽的传说，密宗的佛教宗师莲花生大士（Guru Rinpoche）曾预言一个名为 Namgyal（即夏尊•雅旺•南嘉）的圣人将会到此建宗传法。夏尊•雅旺•南嘉尊者果然来了，普纳卡宗的建筑师 Zowe Palep 在佛塔下睡觉，梦到了普纳卡宗的形状，遂根据梦境绘出设计蓝图，并于 1637 年破土建造，隔年完工。

普纳卡宗是国王登基、加冕、婚庆的圣地。1907 年，不丹第一任国王乌颜・旺楚克（Ugyen Wangchuck）在这里举行了盛大的登基仪式，直到 1955 年才迁都廷布。

导游告诉我们：宗是男人的领土，女人不可以进入。然而多年前，有位王妃半夜找不到路，只好夜宿在普纳卡宗，致使这个规矩被打破。因而，现在的宗可以让女人进入，但是绝不允许女人过夜。

普纳卡宗全长 180 米，宽 72 米，共有三进庭院，比一般的宗多了一个庭院。

走过长长的廊桥，首先看到了王太后栽种的树苗。不

PLANT NAME : BAUHENIA PURPUREA
SPONSOR : H.M. THE ROYAL GRAND MOTHER
MOTITHANG PALACE
PLANTED ON : 3rd JUNE 2013

王太后栽种的树苗

丹政府规定每年 6 月 2 日为全国植树日，要求所有公民都参加植树，并规定每人每年种 10 棵树。

顺着高高的木梯向上走，工匠们正在为大殿的花坛描金粉。我双掌合十走上前去，和善的工匠看我一脸真诚，就给了我们亲手描金粉的机会，真开心。

木梯值得一说，当年设计时曾考虑到防御功能。若有外敌入侵，可以马上把木梯往上拉撤，锁上大门，宗就变成了易守难攻的城堡，具有御敌的功能。

木梯尽头，大殿旁边的屋檐下，有扇窗户很奇特，有

为花坛描金边

很多米黄色的、类似石钟乳一样的物体粘在窗棂上，不知为何物，有何用？导游见我一直打量，便告诉我，那是蜂巢！

天啊，这个蜂巢看起来岁月悠久，都有风化的痕迹了！

在普纳卡的人烟最盛处，在圣殿的窗户上，一群蜜蜂安营扎寨，与国王、与僧侣、与国民、与游客安然共处这么多年，若非亲眼所见，你会相信吗？

心净国土净，万物皆有灵。心敬国土敬，生灵皆平等。

一草一木，一犬一蚁，皆应爱惜，我们能做到吗？

在这个小小的佛国，我仰望着这个蜂巢，再次深深被震撼了！

普纳卡宗的第一进庭院，为行政中心所在地。庭院中扑面而来的，是一棵粗硕的菩提树，看起来至少有七八百年了，伞阴如盖，静静罩住树下的白色佛塔，有一种奇异的能量感。

普纳卡宗窗棂下的蜂巢和大菩提树

我绕树而转，一股清凉若醍醐灌顶，从百汇穴直下丹田。

无缘大慈，同体大悲，在菩提树下，我们四人和导游一起，拇指抵拇指，脚尖碰脚尖，共同把无条件的爱种在彼此的心里。

第一进庭院里，有一个不太起眼的神龛，里面供着一个头顶灵神的女佛像，佛龛周围均饰以蛇的华美图案。导游说这是保佑出海平安的女神，类似于中国的妈祖。

第二进庭院是寺院、僧侣的寮房和活动空间。白墙照壁，古朴无华，沉淀着岁月的厚重，与精美雕刻的门窗、细腻华丽的纹饰形成强烈的对比。

然而，这些反差却极其和谐妙密地揉在历史的痕迹里，了无怪异之处。

触摸着岁月的纹路，我把手紧紧地按在古老的墙壁上，俨然听到生命的脉搏，在亘古传递。

越往里走，越宁静。这里，是一个与天地接通的圣地。

斑驳的墙壁，美丽的光影，透着天光的楼梯，吸引着我们大口、大口、深呼吸。

闭上眼睛，天地都收进了心里。

第三进院落是佛殿，门口两侧的壁画吸引了我。

几天下来，导游已知我是佛教徒，遂比较深入地向我解释两侧壁画的寓意。

触摸岁月的纹路

普纳卡宗庭院

感受圣地的静谧

一侧的壁画外圈是“六道轮回图”，内圈画着3个动物猪、蛇和鸟，和廷布总医院门诊大楼门前的雕塑类似，正代表着佛教所说的“贪嗔痴”。

见我频频点头，导游问：“你知道是哪六道吗？”

“天人、阿修罗、人、畜生、恶鬼、地狱，”我每说一个，导游就点点头，边把手指向壁画中六道所在的位置，“一样的，中国的说法和我们是一样的。”

佛教里常说："三世因果，六道轮回"，意即我们生生世世都会因自己种下的善恶而投生到不同的空间。种善因，得善果；种恶因，得恶报，也就是俗话说的"种瓜得瓜，种豆得豆"。

人一直做善事，死后就可能往生做天人（神仙）。如果做恶，就会投生到地狱、恶鬼、畜生道。比如贪污，人死后会做饿鬼（恶鬼的一种），腹大如鼓、喉细如针，看见好吃的吃不了，每天饿得嗷嗷叫。

不丹的佛殿里，常见把佛教故事、教理教义，描绘成浅显易懂的壁画，这种表现形式我个人觉得很可取，形象、通俗，更容易传播。

另一侧有两幅紧密相挨的壁画，第一幅"和平共处图"和之前在不丹国家艺术学校院子里看过的雕塑类似：大象站在硕果累累的树底下，猴子骑在大象身上，兔子站在猴子肩上，小鸟又立在兔子头上，代表着人类的分工与和平共处，也代表着不同的教派（佛教、基督教、伊斯兰教等）能和平共处，共同守护人类的家园。

第二幅"八卦生肖图"更有意思，居然外圈是中国的八卦图，内圈是十二生肖图。中国古代的《易经》用"—"代表阳，用"— —"代表阴，按照自然的阴阳变化，每组有三个阴阳符号进行排列组合，形成八种不同的图形，叫做八卦。乾（☰）代表天，坤（☷）代表地，坎（☵）

代表水，离（☲）代表火，震（☳）代表雷，艮（☶）代表山，巽（☴）代表风，兑（☱）代表泽，八卦互相搭配又得到六十四卦，可以说八卦图是中国古代重要的哲学思想。

十二生肖图是用自然界的动物鼠、牛、虎、兔、蛇、马、羊、猴、鸡、狗、猪以及中国古代传说中的龙所来代表年份，和十二地支相配可以用来纪年，顺序排列为子鼠、丑牛、寅虎、卯兔、辰龙、巳蛇、午马、未羊、申猴、酉鸡、戌狗、亥猪。

在普纳卡宗的壁画上，能看到中国文化的壁画，我觉得十分有趣，中国和不丹的文化交流是如此地源远流长。转念一想，不丹的国语与我国的藏语本来就同源，也就不足为奇了。

进入大殿，不允许拍照。

这座佛殿在不丹宗堡建筑中较为罕见，巨大的佛殿中竖立着 54 根巨柱，饰以精美的纹饰。四周全是壁画，绘的是释迦牟尼佛的生平。

释迦牟尼佛、莲花生大士和夏尊 • 雅旺 • 南嘉的像立在这里，供不丹人民膜拜。1651 年，夏尊 • 雅旺 • 南嘉在此圆寂，其法体至今被供奉在大经堂的鎏金佛塔里。

大殿一角还供奉着一幅拥有三四百年历史长几十米的巨幅唐卡，每逢重大佛教节日，便会悬挂在外面的大殿上，长度正好从大殿的檐角垂挂到地上。

六道轮回图

八卦生肖图

从佛殿出来，天空中飘下一根鸽子羽毛。

导游捡起来说，这是不丹人的掏耳勺，然后便把羽毛伸到耳朵里。

同时笑着说，小时候，最喜欢妈妈给自己掏耳朵了。

一下子激起了我的共鸣，我的童年也是这样，经常趴在爸爸的腿上，让爸爸给自己掏耳朵，掏着掏着，就舒服地睡着了。

40 年，岁月无痕……

转眼，是该我们照顾父母，为他们洗衣做饭的时候了。

普纳卡宗大殿

圣塔彩虹

饭后，导游画了一张图，说下午有二条旅游路线，普纳卡的河一条湍急（父亲河）、一条平缓（母亲河）。选择湍急河流路线的景点是参观一个大一点的庙，车可以直接开过去，还可以漂流；选择平缓河流路线的景点是参观一个小一点的庙，车不能开上去，要爬个小山，大概徒步40分钟左右，请我们做个选择。

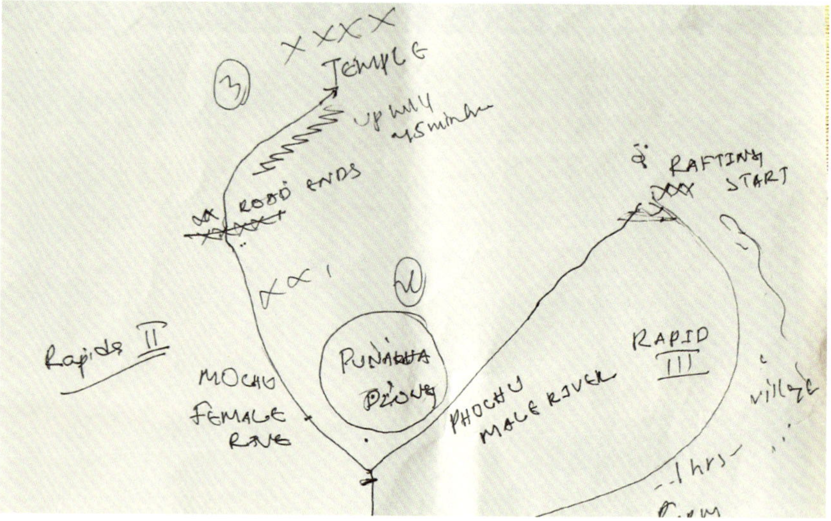

导游手绘地图

基于昨晚主持茶话会时，我经常决策小事，比如谁表演的节目能通过、谁的需要重唱等等，冯博士逗趣道："团长，这个小事您决定一下？"

我乐了，"什么团长？领导您可别瞎喊，我可受不起。"

徐社长接了句："不丹幸福考察团团长啊。你看看，这几天你把我们照顾得多好啊"。

我赶紧摆手，"别别别，几位领导快别这么说，折煞我也。"

刘博士说："社长说得对啊，照顾得好。"

我开始逗闷子，"哪里啊，照顾得一点都不好，还得麻烦几位领导亲自吃饭、亲自上厕所。"大家哈哈笑起来。

冯博士笑嘻嘻地说："好啦，团长，麻烦您亲自下个决定？"

我斩钉截铁地说："那就爬山吧。漂流肯定不行，我得保护好几位领导的生命安全。"

偷偷地告诉大家，其实主要原因是我不会游泳，哈哈。

走过挂满五彩经幡的吊桥，我们沿着一条小路往山上行去。

天很热，能把人烤焦。

虽然我一再邀请几位领导擦点防晒霜，他们都以自己晒不黑为由婉拒，我偷偷地揣摩，估摸着是他们认为擦保养品有辱昂藏七尺男儿的身份，便偷偷在心里乐了一会儿。

可天确实是热啊！善解人意的导游摘下田边的大芋艿叶，给徐社长和冯博士一人做了一顶遮阳帽，很是潇洒。本想再给刘博士做一顶，奈何从小有武术功底的刘博士体力惊人，早已健步如飞，把我们甩下了一大截。

小遮阳帽甚是可爱，二位领导戴起来颇有些俏皮。走了没多远，遇到 2 个不丹小孩，善良的男人们不忍娃娃们遭受烈日荼毒，付出地把帽子转赠了出去，真是大菩萨在人间啊！

沿途是种满了水稻的梯田，折射着绿油油的光，闪花了我的眼，满心满眼都是生机盎然的绿。还是那句话，一片伤不起的伤心绿啊！

就地取材、形态各异的垃圾筒，无时不刻不在悄然提升着游客们的环保意识。这个垃圾筒最有意思，直接把黄土掏了个洞，就大功告成了。

突然，头顶有物轰然作响，我们抬头一看，原来是钢索架成的缆车，一个方形的大吊篮，驮着一篮重物，晃悠悠滑下山了。

卡姆沙耶里纳耶纪念碑（Khamsum Yuelley Namgyel Chorten），由不丹第三世王后阿策林历时八年半修建而成，是不丹唯一一座供奉所有护法神的圣塔，以祈求和庇佑不丹祥和安宁。

导游手工制作芋艿叶遮阳帽 / 黄土垃圾桶

吊车

这座神圣的佛塔，所有建筑设计细节均取自佛经，而非技术类书籍。故而被视作佛宝教义可视化的体现，是不丹建筑艺术，也是人类宗教建筑艺术的经典。

我们正赶上一场法事的最后一天。一走进去，满地都是祈求吉祥的五彩米，因缘十分殊胜。我们小心翼翼地走着，以防滑倒。

这里的每一层，都供奉着不同的佛菩萨，主持法事的

卡姆沙耶里纳耶纪念塔

喇嘛看我磕头虔诚，拿了很多供佛的点心结缘给我们。

我一层层的拜上去，直到顶楼。

一上塔顶，豁然开朗。放眼俯瞰，整个普纳卡谷地的美景尽收眼底，当真是“会当凌绝顶，一览众山小”。

一条蜿蜒如玉带的河流，把普纳卡山谷分隔成两大块，翠绿的稻田、深绿的树，从相机里拍出来，美得像假的一样。

导游说，这还不是普纳卡最美的时节，若待百花盛开，

美丽的普纳卡大地

缤纷点缀在碧绿的原野上，那才叫美不胜收！

转回头，才发现顶楼的塔尖里竟然供着释迦牟尼佛。

我赶紧跪下来磕头。

塔顶的石板被太阳晒得很暖，我五体投地磕下去，石板地烫着我的胸腹，一股热流从丹田处升起，好像回到了久远的家。我不想起身，真想一直就这样拜下去。

陪我们上来的喇嘛告诉我们，1971 年，这尊释迦牟尼佛像曾开口说话。

大家肃然起敬，而我却产生了强烈的想哭的冲动。

我不禁心生庄严，双掌合十，恭敬默诵《心经》：“观自在菩萨，行深般若波罗密多时，照见五蕴皆空，度一切苦厄……”

接着跪下，默默念起了《四弘愿》：“众生无边誓愿度，烦恼无尽誓愿断，法门无量誓愿学，佛道无上誓愿成。”

感应越来越强烈，我喃喃自语：“往昔所造诸恶业，皆由无始贪嗔痴，从身语意之所生，一切我今皆忏悔。”

大慈大悲的释迦牟尼佛啊，愿您慈悲加持，开启我的智慧，让我可以贡献更多。愿我能尽我一生，倾我所能，传播幸福，愿无量无边众生皆能幸福解脱。

我情不自禁，深深地叩首，跪下，起立；跪下，起立；

跪下，起立；身不由己，我一直磕了下去……

天台上很静，风声、水声、人声，都消逝了，耳旁响起了喇嘛的念咒声。

后来徐社长告诉我，那位老喇嘛被我感动了，一直为我念咒。

我说，不好意思再磕了，让大家都等着我。如果是我一个人，我会一直磕下去的，我好想哭。

徐社长说，我看出来了，你感动了我们所有人。你磕了多少个头？我数到 35 下，就没数了。

我说应该是 49 个吧，本想磕 108 个，可那样时间会太长了，不好让大家久等。

导游安静地走过来，指着山门处正往外走的一群人说："那是王太后，这场法事是她做的。"我们赶紧打开相机，拉大焦距，伞盖下的太后看不清脸，冯博士和刘博士立即飞奔下楼。

等我和徐社长下楼，王太后已经离开了，冯博士兴奋地说："太后和我说话了，问我从哪里来的。"刘博士接了一句："而且是她主动和我们说话的。"

在塔顶的释迦牟尼佛像前祈福

“哦，拍上照了吗？”这次轮到我理智了。

“没有，太后说她今天穿的是做法事的宗教服装，不太适合合影。”刘博士说。

冯博士则遗憾地摊摊手，然后就愉快地吹了声口哨。他刚转过身，准备和导游说点什么，突然就发疯一样地奔到佛塔旁边，指着天空狂喊起来“彩虹，彩虹”，我也冲过去，一看，天啊！

一道彩虹又神奇地出现了！！！

1 分钟之前，我可刚从俯瞰全景的塔顶上下来。向毛主席保证，刚才，那可什么都没有啊！！

我发出了惊天动地的欢呼声：“彩虹！彩虹！”

和冯博士兴奋地互相拍打着手，激动得无以言表。

徐社长、刘博士，还有导游，都静静地走了过来。

如果说，几天前都是凑巧，那么，今天，现在，此刻，当下，还是凑巧吗？

这、是、神迹！

如果有人说这是迷信，就让我迷信一下吧。

让我迷信佛菩萨的慈悲，用彩虹示现，增强我的信心，让我勇猛精进，在推动中国幸福、地球幸福的道路上不畏艰难，永不退缩。

圣塔彩虹 / 王太后来纪念塔做法事

让我迷信佛菩萨的慈悲，时刻保持醒觉，善护念，善护众生。

愿以此功德，庄严佛净土。上报四重恩，下济三涂苦。若有见闻者，悉发菩提心。尽此一报身，同生极乐国。

南无本师释迦牟尼佛！

令人惊叹的圣塔彩虹

河边嬉戏

踏着轻松的步伐，一条小黑狗一路跟随我们，从五彩经幡招展的吊桥返回到河边。这次的彩虹许久未曾散去，下山的路上陪伴我们良久。孩子们在河里游泳嬉戏，也有妈妈带着孩子在河边捡石头。

冯博士麻利地脱了鞋袜，去感受普纳卡河水的清凉。还在河滩上为女朋友写下了“I love 丫头”，我刚准备狗仔一下，拍照留存勒索个封口费啥的，浪潮上来一冲，转瞬就不见了，白白损失个挣外快的好机会。

河床的小石头仔细挑选，能挑出纹理好看的，纵不能媲美南京的雨花石，做个纸镇，放在插花的器皿里观水景，也是很不错的。

徐社长和刘博士捡起小石子，打起了水漂，扔得好时，

普纳卡河上吊桥

河边嬉戏

小石子能在水面弹好几下。

小孩子们很快围住刘博士，玩闹起来，刘博士给他们展示了几下中国功夫，小孩子们雀跃得不得了。

徐社长开始还和我们一起捡石子，行至一块河边大岩石处，他坐了下来。风动经幡的呼啦声，河水拍岸的浪潮声，孩子们的嬉闹声，渐渐远了。

心静处，天地都静了下来……

偶尔抬头，看到了这一幕。

虽相机未在手，我的眼睛却摄了下了这寂美的画面。

青山不语，长空无云，灵山塔下人寂静，天地浩渺一沙鸥。

时空，在这刻停驻……

回酒店的路上，经过河边一片开阔的绿草坪。

有一群平民在射飞镖。

贵族射弓箭，平民射飞镖。

虽然弓箭 1000 美元一把，飞镖 250 努一个，两群血性男儿射起来的感觉却无差无别，一样的规则，一样的公

平民在河边射飞镖

平竞技，一样的投射靶，一样的瞄准投射，一样的雄性力量。

温顺的不丹男儿，在射箭时，迸发了刚毅敏捷的纯阳能量。

看着他们余晖下的矫健身影，完全可以想像在多雄拉山口 108 座佛塔下长眠的勇士们，随第四世国王挥军南下，痛击强虏的雄姿。

远处的河边，一个妈妈在帮女儿洗头，一位女子在刷洗柜子，旁边一个小女孩蹲在地上玩耍，一个小男孩悠闲

母亲在河边为女儿洗头

地架着二郎腿，躺在草地上看书，极富生活气息。

记得我小时候，也常在家乡九江的甘棠湖畔看到这样的情景，女人们都在湖边洗衣服、淘米。虽然那时已有了自来水，大家还是很节省，愿意到湖里洗濯衣物，一边干活一边聊天，幸福感很高。湖水也很清，压根就不会担心水质污染这个问题。

那时候，就着水龙头可以直接喝自来水，水很甜。

可现在，没有净水器，谁还敢喝自来水啊？

现代化带来了物质生活的极端富足，可是，最原始淳朴的美，和大自然本来赐予我们的宝藏却损耗殆尽了。

纯净的空气，碧蓝的天，干净的水，无毒的蔬菜，30年前，我还可以自由地享受。曾几何时，这些与人的生命息息相关的必需品，竟成了奢侈品。

我们所呼吸的空气，日渐夹杂着各种有毒微粒。

我们的河流不是干涸，就是无法抵挡有毒废水的侵蚀。

为了生存，我们创造了不少新名词和做法，例如要为我们的身体“解毒、排毒”等等。

短短30年，环境恶化如斯，我们要给我们的子孙后代，究竟留下些什么呢？

诚如不丹王国吉格梅•廷莱首相在《幸福是什么》一书中所说：“自然正在死亡。我们的地球已经体弱多病。回复空气、光线、天籁、水和土壤的质量和纯净，不只是为了我们的福祉，也是为了我们和所有其他物种的生存所需。我们必须展开回复原貌和消除污染的工作。我们必须尽快开始，从个人、小区、全国和全世界不同的层面展开，对抗这些挑战的根源所在。”

不丹，这个不足 70 万人口的小国（可能还比不上中国的一些县大），眼光高远，心怀地球，40 年前就开始提倡全民幸福，坚守公平永续的政治经济发展原则，全民上下践行环保，坚守传统文化的捍卫与传承，坚持良善的政府治理，为世界树立了一个精神富足的典范。

君子有所为，有所不为。不丹王国的幸福或许就源于选择，他们很清楚自己要什么和不要什么，不会为了追求经济发展而无度开发，导致社会、自然环境失衡。

如何利用自然资源来发展现代化经济，不丹有三个选择：森林，矿产，水电。

为了避免滥伐森林，毁坏环境，不丹否决了木材工业，并制定了完整的森林法，严格限制人们私自买卖或物物交易木材，违规者将受处罚。

发展采矿业对环境也有负面的影响，而且矿产是不可再生资源，存在资源耗竭的不可持续性问题，因此不丹政府也没有选择采矿业为支柱产业。

唯有水电是再生性能源，没有资源耗竭的问题，而且设计良好的水电项目对环境的影响很小。根据国民幸福总值的原则，不丹政府把长治久安、长远幸福作为最重要的决策依据，尽管水电建设项目周期长，不能短平快地获取利润，不丹政府还是选择了水电作为支柱产业。同时因为地上水电站需要修建大型水库，对环境会有一定的影响，且需要进行库区移民，为此不丹政府还选择了对环境和居民的影响几乎为零的地下水电站！

有这样一段资料佐证：位于首都廷布以南的丘卡镇有一个深达 100 米的隧道，不丹的第一座大型水电站楚卡发电厂就深埋在地底，建造这个发电厂费时费力，自 1975 年开始修建，1988 年才全部竣工。楚卡水利工程挖透山壁数十公里，将高山奔涌而下的雪水导入地下，整整十三年才建成。开工建设的时候，不丹还处于非常贫困的阶段，无论是制定计划者，还是普通老百姓，都需要勒紧裤带，忍受消费品匮乏的贫困。尽管向印度出售电力，每年能为不丹政府赚取 3500 万美元的财政收入。然而，政府宁可放慢电力所带来的经济效益，也要维护不丹的森林和地貌。

孟子有云:“鱼，我所欲也；熊掌，亦我所欲也。二者不可得兼，舍鱼而取熊掌者也。”不丹，就是这样将中国古圣贤的智慧运用在国家治理当中，得心应手。

古庙彩虹

第六章

古庙彩虹

THE RAINBOW
IN THE ANCIENT
TEMPLE

路遇伐树

从普纳卡前往帕罗，全程 70 多公里，汽车却需要开三四个小时。

不丹全国仅有一条由西向东贯通全国的主要公路，导游称之为不丹的高速公路，公路宽 3 米，由沥清铺成，路况不是很好，损耗、雨水冲刷，导致很多路面硬化已被破坏。有一段路基本毁损，车行驶在路上非常颠簸，犹如随海浪跌宕起伏的小舟。

导游略带歉意地说，为了交通安全，不丹也会不断拓宽和修建公路。只是他们的现代化程度不高，“高速公路”修得也晚，所以很多地方路况不是太好。

漫无边际的森林里树木参天，一路穿行过来，被林木掩映的公路蜿蜒曲折。不时看到高大的杉树、雪松、橡树、云杉、桦树、细竹林等等，偶尔还能看到结满了红苹果的果树，和许多叫不上名字的花草。

导游说，随着海拔的升降，不同的高度有不同的树种

路遇伐树

群。

注重生态环保的不丹王国近3/4的国土被森林所覆盖，居亚洲第一，26% 的土地为国家公园。不丹王国拥有 6 个国家公园和 9 个生态保护区，植物超过 5000 种，兰花接近 300 种。

正颠簸着，车停了下来，第一次看到不丹的公路上排起了车龙。

导游前去问了问，回来告诉我们，原来是前方有一棵倾斜的大水杉树倒了，压在了另一棵百年大树上，交通部门怕砸伤车或人，所以要把两棵树都锯倒，请我们等一等，估计要半个小时左右。

森林里的空气清新异常，阳光透过树丛杈照映下来，形成奇特的光晕。

路边聊天

敬业的徐社长拿着相机去前方拍照，观察不丹林业工人伐木的情景。刘博士不失时机，对导游进行教育民生相关的幸福指数问题采访。我和冯博士则蹲在地上探讨宗教文化方面的问题。

时间过去了半个多小时，停滞的车辆越来越多。整个过程没有车鸣笛，大多数人在安静地等待，有人和同车的

路边探讨问题

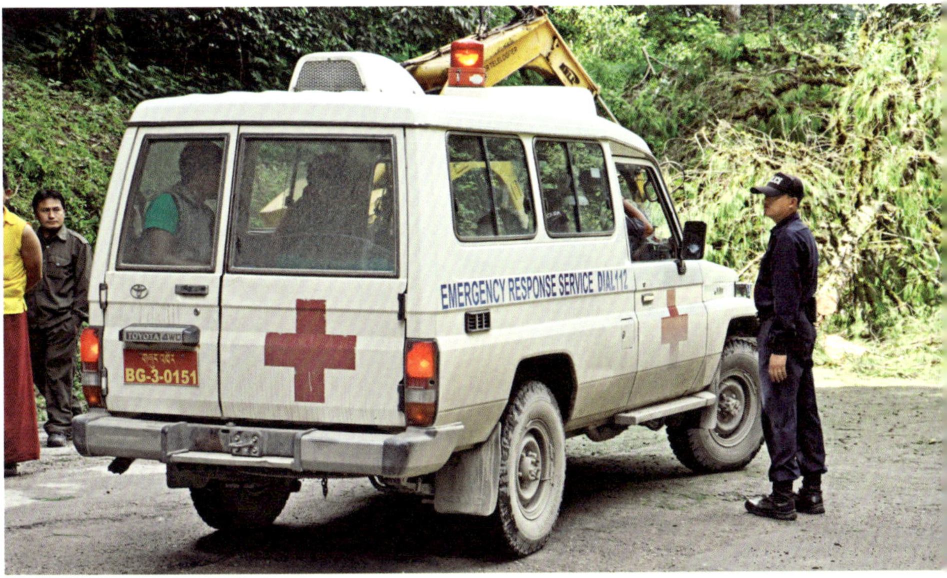

路边停滞的车辆

人聊天，有人在车里坐久了，就下来走一走，也有的到前方去打探一下情况，还有两个年轻人下车追逐嬉笑。所有的人表情都很平静，寂静的森林中，没有喧闹声，没有不耐烦的斥问声，以至于能感受到大家的心都平静如水。

一辆救护车开到了前方，出于安全角度考虑，也被警察拦下了。一骑行山地车的青年也过来了，和警察比划着说了半天，看那意思就是想先过去，警察和伐木工人确认了没有危险，才让山地车通过。

导游告诉我们，在不丹能看到伐树，还真不是件容易的事，因为不丹以严格的法律限制砍伐，支持环保。本来坐拥森林资源，发展林业出口可以短平快地增加 GDP，不需要很多资金投入，也不需要什么高新技术，但是不丹第四世国王吉格梅•辛格•旺楚克相信，唯有保护好山林和原始的环境，才能为子孙后代造福，否则容易引发滥伐森林和毁坏环境的问题。譬如泰国，从 1960 年开始推行强化型、出口型的农业发展模式，砍伐森林，出口林木，扩大种植面积，这样的经济政策带动了 GDP 的高速增长，却也使泰国的森林退化速度位于亚洲最高之列，森林覆盖率从 50% 以上迅速萎缩到了 1998 年的 25%。

追求可持续性发展的不丹在 1969 年颁布了《森林法》，不丹森林被划分为若干区片，每个村庄（Vallage）管理一片，别的村庄的居民不许砍伐非本村庄管理的森林。本村庄居民若要建房使用木材，必须向地方政府申请。《森林法》改革了森林资源的产权，把所有的森林资源都国有化，连私人土地上的林木，政府也拥有了绝对的所有权，法律授权政府林业官员保护、管理和控制所有森林，严格禁止私自买卖或物物交易木材，违规者将受处罚。同时，不丹将土地分为三类：Basture land，dry land，wet land。其中，只有 dry land 可以建房，稻田之类的庄稼地中，绝对禁止建设。获得建房许可之后，才可以向林业部门申请，然后到指定的区片去砍树建房。

20 世纪 60 年代，不丹的木材曾大量向印度出口。自从执行 GNH 以来，便大大减少了木材出口。印度木材商多次提出要购买不丹的木材，但不丹政府多次说“不”，以保护不丹的生态环境和森林覆盖率。有时候为了满足当地人对木材的需求，不丹甚至从国外进口木材。虽然不丹人常喝茶，却也不愿栽种茶叶，担心茶园会降低森林的覆盖率。

在导游的详尽介绍中，我们又等了半个小时，警察开始让围观的人全部往后撤，没几分钟，只听得轰然巨响，大树倒了下来。徐社长拍下了伐树的全过程。

在中国，用现代化工具伐掉一棵树，也就几分钟的时间，不丹却花了一二个小时的时间才伐倒一颗树。主要原因是他们在用最原始的方法锯树。可转念一想，不正是因为他们伐树的速度慢，种树的速度快，森林覆盖率才高嘛!

或许不是不丹的节奏太慢了，而是我们太快了。我不由想起了那句话:别走得太快了，停下来等一等你的灵魂。

原始森林伐树

为表彰不丹在环保领域的杰出表现，2005 年 4 月联合国将首届“地球卫士奖”授给了不丹国王吉格梅 • 辛格 • 旺楚克和不丹人民。

记得我在安吉考察白茶区时，曾赞叹景象壮观，县委政策研究室的程国副主任随即和我念叨，说安吉政府一直在想办法，在白茶区多种其他植物，要防止植被覆盖率降低，防止沙化。看来，注重生态环保的地区，从上到下的理念灌输与执行都一样，环保意识已经深种在骨子里。

保护生态环境，才能永续发展，这是真理。

乌玛酒店的午餐

虽然颠簸得很辛苦，但是中午我们要去梁朝伟和刘嘉玲的结婚酒店——乌玛酒店（Uma）用午餐，这个消息还是十分振奋人心的。“Uma”是印尼文，意为“有生命的大屋”。

经过刻着“Uma”的大石头，我们穿过一片葱翠的松树林，来到了酒店的门前。

乌玛酒店的设计风格简洁大气，庭院方正，颇似“宗”的线条，透露出高贵的气息。大堂里毫无悬念地悬挂着第五任国王年轻英俊的画像，庭院设计开阔、简约。

随处可见的长条灯笼状落地灯是亮点，橘色的光晕一圈圈映射到白墙上，从地上到墙壁顶上，绽放出如花朵一般美丽的光影。

走廊上、餐厅里，都有堆满了木柴的火炉，与落地灯

乌玛酒店

大厅里国王的画像

随处可见的落地灯

梁朝伟与刘嘉玲用餐的餐桌

相映成趣，带来了温暖的感觉。

餐厅正中间设计成伞盖状，宛若撑起一把巨型的圆蘑菇，覆盖到每一张餐桌。

建材采用的是传统不丹居民使用的石头、木材和瓦片，带着原始气息，却彰显低调奢华。

餐厅里唯一的装饰是一大盆松果，自然、淳朴。

女服务生很漂亮，而且斯文耐心，还专门把梁朝伟和刘嘉玲吃饭的桌子布置好，让我们拍照。

温婉美丽的服务员

经历了近 4 个小时破落山路上的颠簸，从原始部落突然进入到了贵族般的城堡，恍若天渊之别，一时之间竟不太适应，我们几个像“土老冒”进城一样欢呼起来。

环境优美，氛围舒心，食物美味，服务耐心，是我的感受。

冯博士点的玫瑰色的蔬果汤引发了我们的热烈赞叹，玫瑰红的浓汤静静躺在白色瓷盘里，素雅芬芳，精致得让人不忍破坏这份美感。

冯博士用勺子蘸着汤汁写下了“I Love Bhutan”，激发了大家的创作兴趣，每个人都开始专心致志地玩起来。

刘博士一脸温暖地写给自己可爱的女儿；徐社长带着专注感恩的神态，投入地写着“幸福不丹，安且吉兮，远东出版”；我则心满意足地画了一颗心，“121，一颗红心奔向幸福”。

酒店共有 20 个房间和 9 栋别墅，错落有致地散布在山区间，透过每扇门窗，都能借到山中风景。

从室内往外看，绿树参天，碧草如织，云在走，天不动；人挪步，景不移。

从户外向内看，乌玛酒店线条简洁，色彩古朴，成为一道优雅的风景线，温暖华美，贵气漫溢。

房间走廊的墙壁一侧纯白，素雅干净；橘红的一侧，勾勒上了白色的祥云图案，红白相映，动静相宜。

房间内的布置简洁大气，落地白墙的顶上，由不丹艺术家绘上了色泽鲜艳的传统花朵，巧妙地将不丹传统风格时尚化，营造出了浪漫的异国情调。烟熏实木家具沉稳厚实，带来了一种久别重逢的温馨感。

带我们参观的男服务生，说得一口流利英语，高大帅气，英俊温和，彬彬有礼，耐心周到，很受用。

用玫瑰色蔬菜汤留言

酒店过道及客房

乌玛酒店的礼品店很棒，有不少小玩意，价格公道。

一眼就看中了一件极具浓郁民族特色的蓝色绣花及膝长衫，穿在身上，平添了几分不丹美女气质。我想，等 9 月肯赞前首相来中国时，我就穿这身衣服去机场接他，他肯定会觉得亲切暖心的。

庭院内的白墙，攀爬着类似爬山虎的绿藤，往下走，能通往隐在地下的健身房、瑜伽室、游泳池。

一条大狗懒懒地趴在过道里，享受着午后的惬意和温暖。

原始元素被完美发挥，转换成时尚舒适的享受。

经历了近 5 天的原始游历，又一脚踏回了现代，不得不说，精神富足固然很美妙，物质享受能跟上的话，也是很锦上添花的！

仿佛先生（即陆锦川老师）曾说：苦修，固然是修行的一种。在享乐中，也可以修行，重要的是当境不迷，当境能悟！这句话，我极欣赏！

《金刚经》有云："应无所住而生其心。"不执著形式，不执著对错，不执著苦，也不执著乐。连这个不执著的想法，也放下，就有点意思了。

当然，不得不承认，多多少少，不折不扣，我还是个享乐主义者。

要超越自己的习性，还是需要时间的。

不管怎样，我已在路上了，允许自己小小地放纵一下。

酒店庭院美景

国家博物馆

位于帕罗的不丹国家博物馆（National Museum），坐落在一个绿树环绕的小山丘上。由青石土瓦砌成，墙体大部分为白色，惟靠近屋檐部分刷成藏红色，显得古朴庄严。

门外有很多大小不一的石头，摞在一起，围成了一个不规整的圆圈，可能是祈祷吉祥平安之意。在我看来，却好像布了阵一样，没来由地联想起了《神雕侠侣》中黄蓉根据诸葛亮的八卦图摆出的乱石阵。几堆平平无奇的乱石，根据九宫八卦方位和五行生克原理摆置，便能变成御敌防守的有力屏障，可谓玄之又玄。

远远看到一个圆形外观的建筑物，颇似佛教的吉祥法器法螺的形状，便是国家博物馆。听导游说，它古时本是帕罗宗瞭望塔的“塔宗”，1968 年被不丹政府改为国家博物馆，内藏有 3000 多件艺术品。

参观之前需要把随身的相机、手机、背包等全部寄存，

不丹国家博物馆门前

不丹国家博物馆

金顶房子为国王行宫

里面不可以拍照。

博物馆内设有不同的主题馆，包括宗教、国家发展历程、唐卡、老照片、民俗、珍稀动植物介绍等等，陈展不丹面具、佛雕、旧经文、唐卡画和邮票等文物和艺术品，不一而足。

从博物馆的山丘上俯瞰谷地，在一片碧树环绕中，有幢金顶小房子悠然矗立在开阔的绿地中，是国王的行宫所在，没有特别的金碧辉煌，也没有警卫林立，十分亲民。

导游说，如果在路上遇到不丹国王，游客、百姓都可以上去和他说话，拉家常，反映情况，都不会有警卫阻拦。这是完全的自信，不禁再次想起五世国王吉格梅•凯萨尔•纳姆耶尔•旺楚克登基时那段感人至深的演讲：

“我在位的任期，我永远不会以国王的身份来统治你。我会像父母一样保护你，像兄长一样关心你，像孩子一样伺候你。我会毫无保留地将一切都奉献给你，我会为你的孩子做好榜样，除了满足你的希望和愿意，我别无他求。我会永远以善心、平等、公正的态度来服侍你。”

必是历代国王的言行合一，以百姓为天下先，才有今日的举国拥戴，无虞出行安全问题。

仁者，无敌。

从博物馆往外走，遇到了一位气质高贵的印度老太太带着英俊帅气的儿子和美丽清纯的女儿来参观。

我们擦肩而过的瞬间，目光有交集，我微笑颔首，没曾想她竟突然一把搂住了我，把脸贴在我的面颊上，还说希望和我拍照合影。

没想到自己也成了外国人眼中的留念景点，老太太的女儿也热情地挽住了我的手臂，实在有点受宠若惊。拍完

与印度大法官一家人合影

照，老太太伸出大拇指对我说“土八路”。我异常错愕地重复了一遍，心想她居然知道“土八路”，脑中快如闪电跳出我的揣测，难道印度人也知道是八路军、解放军战胜了国民党，解放了全中国，所以要用“土八路”来表示赞叹、欣赏？

导游看出我的不解，过来解释说印度语中的“土八路”，就是“棒极了”的意思。我们恍然大悟，爆发出一阵欢快的笑声。

老太太的儿子告诉我们，他父亲是印度的大法官，他自己也从事法律工作。我们互相交换了联络方式，也欢迎他到中国做客。

往外走的时候，徐社长十分感慨，说印度和中国关系微妙，既有麦克马洪线和藏南领土争端以及领土战争等历史问题，又有经济、科技竞争关系，没想到这位老太太竟然对我这么友好，居然一把先搂住我，还主动要求和我拍照，这可真是万万没想到。说明民间人士的眼神交流，可以瞬间释放善意。

我们同在一个地球，本是一体。

微笑能融化冰山，也能消融心的距离和隔阂，相信世界上所有的人都渴望和平和谐。

求同存异，共生共荣，人间自然处处是乐土。

不丹国家博物馆远景

愿地球和平，免灾少战，人与自然和谐相处，世界幸福！

古庙彩虹

藏王松赞干布于 7 世纪统一了吐蕃，并开始大力弘扬佛法。相传，松赞干布曾在一天内，在领土各地同时建造完工 108 座寺庙，真是不可思议。

公元 638 年，松赞干布在不丹的帕罗河谷，修建了不丹王国最古老的庙宇——祈楚拉康寺（KyichuLakhang）。

建立之初，祈楚拉康寺仅为一座规模不大的寺庙。后来，多位高僧亲临寺庙并主持扩大了庙宇的规模。

寺院散发着久远的气息，却被第一进门处的一片紫藤、橙花、绿灌，激发出亘古常新的活力。不远处有个线条粗陋的亭子，亭檐下围着 2 层黄色的布幔，莫名地传递着一种神秘庄严感。导游告诉我们，那是天葬台。

院墙四壁是绵延不绝的转经筒，围绕整个寺院转了一

祈楚拉康寺 / 天葬台

转经 / 古庙门口诵经的老者

周。不少人一路持咒，一路转过去。这要转完一圈转经筒，绝对是个体力活，非虔诚信徒，恐难以坚持。

第二进门口坐着几位老人，靠门口的老者得了大脖子病，却面容安详，手持念珠，喃喃念着咒，游客的进出、拍照都对他没什么影响，几条狗也懒懒地趴在门前，完全没有被惊动的意思。

门内的壁画斑驳、古远，很多色彩已经剥落，看起来有点像汉地佛教的四大天王。

院内有一棵高大的橘子树，导游说，这棵果树一年四季都开花结果，十分神奇。

脱鞋进了一个佛堂，里面隐藏着殿中殿，完全按照松赞干布在西藏的一座佛殿格局而建，从饰纹、物品，到所供佛像，都一模一样，导游告诉我们，许愿极灵。

佛堂内佛像前的地板上，镶嵌着很多珍贵的宝石，猫儿眼、绿松石、红珊瑚等，每一颗都价值连城，却毫不起眼地默眠在佛像脚下，守护着这片土地。

把如此珍贵的宝石直接镶嵌在地板上供养佛菩萨，真是生平第一遭见识。

历经数百年，宝石依旧安然无恙，这个国度居民的淳

四季结果的橘子树

朴无染，更让人击节赞叹。

当然，不丹是个佛教国家，亵渎神灵，偷盗圣物，死后要下无间地狱轮回受苦，因果大家都知道，显然会起到震慑作用。只是，数百年来，无一颗宝石经历偷窃风云，我想也是很罕见的吧。

这才是不丹国民，举国上下，供奉给佛菩萨的最珍贵的供品，一颗清静无染、不贪不嗔的光明琉璃心！

人人皆有自己的圆妙琉璃佛性，愿我佛慈悲，拔苦救难，开启每个人的自性光明！

返回的途中，天色渐暗，徐社长说了句：“彩虹时间快到了吧。”

我接了句：“彩虹娃还没开金口呢。”

冯博士从前排的座位上回头说:“啊，封我彩虹娃啦？”

刘博士笑着说：“还和葫芦娃挺配对的嘛。”

“是啊，彩虹娃，挺顺口的。”冯博士话音刚落地，突然又指着车窗外喊起来，“Stop！ Rainbow！Rainbow！”

我们还以为他开玩笑，不过还是顺着他手指方向往外看去。

果然！

不是彩虹是什么？！

停了车，我们又开始狂欢，拍照，拍照，还是拍照！

导游和司机除了服气，就剩下赞叹和微笑了。

五天，六道彩虹！

徐社长说，彩虹有七个颜色，我们的行程正好七天，相信我们能看到七道彩虹！

我则知足地说，别那么执着，享受当下嘛！

是啊，一个一辈子没见过彩虹的人，突然连着见六道，比每天见一道还多，夫复何求呢？见也好，不见也好，我都很满足。

又一道神奇的彩虹

脑子里突然蹦出六世达赖喇嘛仓央嘉措这几句诗：

你见，或者不见我，

我就在那里，

不悲，不喜……

佛陀的微笑

在不丹王国，见到最多的是僧侣，看到最多的是微笑。

僧侣们穿着藏红色的僧袍，或疾或徐，或站或坐，或念经或看书，或行走在大街上，或穿行在旷野里，或伫立在佛塔前，或徜徉在天地中。

无论身处闹市，还是山野，都是一样的静定、安详，太阳投射在他们的身上，总似笼着一缕神光。

佛陀夜睹明星，开悟后讲的第一句话便是：“奇哉！奇哉！一切众生皆具如来智慧德相，唯以妄想执着不能证得。”

意即一切众生，都有佛性，都有自性光明，只是被尘世间的名利遮蔽、自己的欲望掩盖，不能明心见性（成佛）。

灵山会上佛陀拈花不语，迦叶尊者破颜微笑。

以心传心的或许便是这一份自性光明、般若（智慧）之光。

而不丹王国的男女老幼，大大小小，无论尊卑，都是

不丹僧侣

不丹人的微笑

那么的清净无染，无贪无求。看到我们，他们总是露出粲然的微笑，眼神清冽得像山泉，微笑干净得恰如那一缕神光，瞬间照亮我的心。

无论是绿野上的精灵，还是圣殿上的蜂巢；无论是乞丐的尊严，还是首相的谦卑，总是有那么多的瞬间、那么多的细节，被深深撼动，在如佛陀般慈悲的微笑里接收到那么多灵光乍现的智慧指引。

凌空高悬的彩虹，架起了通往幸福的天梯。

静静的夜里，翻检着照片，我向每一位佛陀的弟子恭敬合十，让熟极的咒语在心中自然流转、一诵再诵……

在不丹王国的仙雾缭绕、碧草茵茵里，我又与每一张纯真的笑脸重逢，在佛陀的微笑里，祈愿世界和平、地球幸福！

在佛陀的微笑里，我分明又看见彩虹，高悬天际……

舷窗彩虹

第七章

舷窗彩虹

THE RAINBOW
IN THE SIDESCUTTLE

酒店民族风

酒店的环境越来越好，在帕罗的第一晚住的 Hhey Kyed 酒店，亦坐落在山丘上，能俯瞰帕罗，碧油油的草地，零星分布着民房，很静，很美。

整家酒店，只有我们四人入住，和包场一样。

酒店的圆形餐厅和乌玛酒店的风格如出一辙，有点山寨的意思。

导游给我们画了一张明天的出行图，告诉我们去虎穴寺，可以步行爬山，约耗时 2 个小时；也可以骑马，骑马分成二段，每人 300 努，能节省些时间和体力。如果我们能 7 点出发，中午就可以入住安缦酒店，吃免费午餐。

如果要骑马上山，需要提前预定。不丹不像中国的旅

Hhey Kyed 酒店

游景点，物资丰沛，漂流、骑马，都是现成候着，这里必须提前预约。

去过不丹的朋友临行前一再提醒我，去虎穴寺千万别省钱，一定要骑马上山，路很不好走。

尽管男士们纷纷反复表达要徒步上山的强烈愿望，甚至建议我自己骑马，他们爬山，还是被我无情地予以坚决否决。

我告诉导游，我们骑马上山，同时也会负担他的骑马费用。导游很感激，连连摆手，说他心领了，他会陪着我们一起上山，但他徒步行走，如履平地，完全不需要骑马，让我们千万不要客气。

事实证明，我对小事的决策还是靠谱的。

通往虎穴寺的路，全是人走出来的泥巴路，甚少石阶。第二天下雨了，道路泥泞难行。若非骑马上山，真不知道啥时才能爬上去。而陪着刘博士辛勤考察、浪迹天涯的旅游鞋也在这次爬山中光荣退役，永远留在了不丹。

帕罗的夜空繁星万点，冯博士有点激动地说，好久没见过这么多星星了。空气污染厉害的地方，是难以见到星星的。

第二天，徐社长早早来敲大家的门。

一开门，“哇塞！”导游和司机把自己的民族服装“帼”借给了三位男士。

徐社长和刘博士风度翩翩，俨然是二位玉树临风的王爷站在门外，一儒雅，一豪放，各有风采，吸引得女服务生都要和他们合影，还有个女服务生巴巴找刘博士要了联系方式，真是魅力无法挡！

换装后的冯博士，气宇轩昂，英气勃勃，既有潘安样貌，又有高僧气度。这要在女儿国，非给抢了做“皇后”不可；要换在蒙古，郭靖也做不成“金刀驸马”啦。

至于我嘛，新买的华丽衣服贵气逼人，与二位王爷和驸马爷还是很匹配的，沾衣服的光，马马虎虎，也扮个王妃吧，嘻嘻。

四个“贵族”欢乐了一早上，打马上山去也。

身着不丹民族服装留念

天地造化虎穴寺

虎穴寺，不丹王国的标志性景观，位于悬崖峭壁之上，高出帕罗峡谷地面 900 米，殊为壮观。

通往虎穴寺的土道完全是人走出来的，没有任何人工修建的痕迹。雨后的崎岖山路泥泞难行，连四条腿的马儿也时常打滑。

第一次骑马的冯博士开始还有点担心，很快就陶醉在沿途美景中，乐此不疲了。

山路两侧全是高大的喜马拉雅雪松和橡树，树干和树枝上丝丝缕缕悬垂下浅绿色的丝绦，美得如梦幻仙境。

导游说，悬垂下的绿植叫松萝，有清热解毒、止咳化痰的作用。确然，光看到这么清爽养眼的颜色，就已经令我耳目一新、心旷神怡了，相信必是清凉净心的好药。

雨后的帕罗山，大片的白云从山顶口如流瀑般喷涌，

虎穴寺

泥泞的山路

或在山腰间弥漫流淌，仙雾缭绕，如在幻境。太阳不时从云层后透出金光，转瞬又阴霾密布，时晴时阴，或雨或雾，真真应了诗中那句“东边日出西边雨，道是无晴却有晴”。

清脆的鸟鸣声不时从林中传来，水力驱动的转经筒吱嘎作响，清澈的溪涧水甘冽甜美，五彩经幡随风飒飒飞扬，怎不让人流连忘返？

晃晃荡荡地骑在马背上，看着天上的朵朵白云，我不禁唱起了歌：“蓝蓝的天上白云飘，白云下面马儿跑。挥动鞭儿响四方，百鸟齐飞翔……”

四匹马儿欢快地并辔而行，不时你追我赶，都不肯落在后面，出现了好几次争着过窄路，狭路拥堵的惊险镜头，还有一回把冯博士的马挤在路边，他的腿重重地撞在了路边的树桩上，渗出了血丝。

有一段时间，刘博士的马走在最前面，其次是冯博士的，紧跟着是徐社长的，最后是我的，走着走着，看见徐社长的那匹马边走边拉马粪，我稀奇地喊起来，“呀，这匹马边走边拉屎，真是什么也不耽误啊！”

大家哄笑起来，刘博士开玩笑说：“彭大将军殿后，局势看得很清楚嘛！”

我马上接了句："那还不是唯刘博士马首是瞻！"

刚说完，徐社长的坐骑便放了一个轰天响的屁。我说："呀，这马屁不能乱拍啊，徐社长的马都有意见了。"

大家哈哈哈大笑起来，欢快的笑声直冲云霄。

马匹不能直达虎穴寺，有一段路必须步行。

沿途有不少岩石上刻着咒语，也有一些岩石下放着不同颜色、酷似窝窝头形状的小石头。导游告诉我们石头有五种颜色，类似中国五行的"水金火木土"，不丹人会把属于自己颜色的石头放在这里祈福。

转过山角，一道蔚为壮观的瀑布，吸引我驻足良久。伴着激流水声，一道银龙飞泻而下，不时撞击在山岩上，迸射出水花万点，散在空中，随风轻扬，正是"飞流直下三千尺，疑是银河落九天"。五彩经幡在瀑布前翻转飞扬，与水声和在一起，正如声声不断的咒语，念念相续，念念回响。

坐落在帕罗山谷中3000英尺悬崖峭壁上的虎穴寺（Taktshang Goemba），建于1692年，是不丹王国最神圣的佛教寺庙，也被誉为世界十大超级寺庙之一。

据传公元8世纪，化生于湖中莲花的莲花生大士为弘法降魔，示现愤怒化身多吉卓洛乘雌虎飞来此处，被不丹

虎穴寺瀑布

悬崖边壮丽的虎穴寺

国民奉为释迦牟尼佛之后的第二尊佛祖。

上得山来，有士兵在台阶上把守及搜身，要求旅客把所有摄影、摄像设备和背包都寄存，方可进入佛殿。

虎穴寺里有多座重要的佛堂，包括供奉莲花生大士和千手观音佛像的佛堂，还有当年莲花生大士修行的山洞，里面供奉着踏在一尊雌虎之上的愤怒莲师化身多吉卓洛。

还有一个小佛堂里供奉着曾开口说话的莲花生大士佛像，据传这尊佛像本在普纳卡宗建造完成，但佛像开口说话，称他不属于普纳卡，应该把他送到虎穴寺。

虎穴寺曾遭遇一场大火，寺庙付之一炬，唯独这尊佛像安全无恙，被完好保存下来。在这里面供着一幅虎穴寺的全貌图，这才发现，这个位置的帕罗山形状酷似一只老虎头，虎穴寺就是它的眼睛，真是天地造化、鬼斧神工。

1998 年不丹国王呼吁全民参与重建虎穴寺，举全国之力，短短三个月就完成修复，令人赞叹。

还有一个佛堂里供着类似中国财神的佛像。导游让我们跪拜，专门为我们洒圣水祈福，祝愿我们多福多财。我在磕头时很自然地说了一句："愿天下苍生都富足"，三位男士很感动，徐社长加了一个词，"愿天下苍生都富足幸福"！

我点了一滴圣水在自己额前，一阵清凉刹时穿透全身，莲师心咒静默响起，能量遍法界。

Ong a hong, ban za gu ru bei ma xi di hong ……

我们在寺庙里停留了很久。下山时，天上下起了小雨，导游却说，他很开心带我们这个团，看到我们这么虔诚，他很感动。别的团都只是走马观花，拍照留念，而我们却细致聆听解说，专注虔诚，所以他也愿意多为我们介绍，带我们看更多。

山形酷似虎头

无时无刻不环保

在虎穴寺的山路上，我们遇到一群捡垃圾的志愿者。

他们穿着同样的白色T恤，胸前印着GAB，手里拿着布垃圾袋，一边步行，一边愉快地捡着垃圾。

在他们的脸上，洋溢着恬淡喜悦的微笑，目光纯净，笑脸单纯，干净得让人肃然起敬。

不丹早已推行全面“禁塑令”，环保可以说推行得非常之好了。无论去到任何地方，偏远的景点、陡峭的山路、繁华的街道、广袤的平原、幽谧的山林，总能看到各种就地取材、形态各异的垃圾筒悄然静立。

垃圾筒里总是很干净，环境总体来说很洁净。

环保志愿者

然而，不可避免，总有一些地方，尤其是较为偏远的山区，不时能看见被丢弃路旁或草地上的垃圾，以食品包装袋为多，十分扎眼。

因而，很多志愿者，尤其大学生都自发地加入到了捡垃圾的行列。

每捡起一样垃圾，就是捡起一份对地球家园的爱；每减少一次浪费，就是为地球母亲积蓄了生命的源泉；每降低一次过度开采，就是对全人类的慈悲。

地球生命力报告（Living Planet Report）在 2008 年提到：如果再继续目前的消费形态，到了 2030 年，我们会需要两个地球才能维持人类对商品和服务的需求。

有资料显示，生产 1 公斤的大米，大约需要 3000 公升的淡水；生产 1 公斤的牛肉，需要 1.6 万公升的水。到了 2025 年，全球有半数国家将会面临水的短缺；而到了 2050 年，全球每 4 个人当中就有 1 个人会身陷“水的穷困”窘境。

地球母亲的资源迅速耗竭，生态系受到气候变迁的影响日益恶化。冬天无雪，冰河后退，洪水、暴雨、雾霾、地震、海啸、泥石流等，越来越频繁地向人类示警！

试想，我们会在自己家里的地上吐痰吗？会把垃圾随手扔在自己家的地上吗？会把自己家的水龙头开着整夜不关吗？

谁会不爱护自己的家呢？

然，皮之不存，毛将附焉？若我们赖以生存的地球都被小我的私利破坏殆尽，空气有毒，饮水有毒，食物有毒，哪里还有小家的幸福呢？

愿我们每个人都把自己的视野放大，心量放大，把小家的范围扩大，从小我爱到大我，从小家爱到大家。

愿我们每个人都心系地球，心存大爱，从环保做起，从身边的点滴小事做起，从捡垃圾做起，共创美好幸福家园！

FOLK HERITAGE MUSEUM
RESTAURANT

JANGLING
FOUNDATION

DHSS
12'A'
2012

各色环保垃圾桶

DHSS
12'A'
2012

SE ME

把服务做到极致的安缦

安缦(Amankora)，是最早进驻不丹的顶级酒店集团。

擅长把大自然的绝佳风景和返璞归真的设计理念水乳交融地揉在一起的安缦度假村，在不丹共设有 5 家分店。我们入住的帕罗安缦，在一座树林里。

半堵及膝的曲尺形青石围墙上，刻着 Amankora 的英文；悠长的林间土道上铺着厚厚的松针，踩上去软软的，比地毯更加踏实松软；小径两侧是高大的松柏林，树下长满了高矮不一的灌木；路边的草地上时见形态各异的蘑菇和硕大的松果，引来我们的惊叹，真是纯粹的田园风光。

帕罗安缦度假村没有围墙，主建筑设计采用不丹传统的宗（Dzong）结构，厚实的石墙内收藏了 20 间格调简约的套房。内部设计采用了暖色调的家具、灯光等，自然地营造了乡间小屋的温馨感。

小路的尽头是青石阶梯，安缦总监（一位高大帅气的绅士）和一位女服务生笑脸盈盈，早已候在那里，服务生

安缦酒店

手托热毛巾，安缦总监则手持哈达，亲手为我们带上，再将我们迎入敞亮简约的大厅。

帕罗的安缦酒店不提供一般酒店常见的电视、网络等现代设施服务，要想上网，只有大堂的某个角落有微弱的信号。不过，好不容易逃离尘世的喧嚣，进入了原始生态圈的休憩者，享用新鲜的空气足矣，还有谁会作茧自缚，去找服务生要 Wifi 密码呢？

餐厅前是一片露天的草地，设有原木桌椅，在不远处

安缦酒店大堂

也设有不少舒适的沙发、躺椅、坐垫和小桌椅。面对着苍翠的山谷，远处河流湍急，水声哗然，眼前白云悠游，鸟鸣林间，风舞处，五彩旌旗飞扬，空气里弥散着煨桑炉里松枝燃烧的香味。

心，在天地间静止……

回到房间，赠送的苹果汁已冰镇在冰桶里，旁边的红色圆木盒里装着点心，一封由安缦总监亲笔签名的贺卡打着朱红火漆印，静静地放在桌子上。

床边两盏相对的小灯亮着，在墙上笼出半圆形的光晕，温馨、温暖。

靠近门口的壁炉旁，有一大盆松果，散落在石头上、木柴旁，平添了些许山野闲趣。

用过午餐，我们去帕罗唯一的闹市街闲逛，商店里的东西大同小异，无非是一些工艺品、围巾、佛像、古经书等。同样的商品价格普遍要比首都廷布的贵上一倍甚至更多，真是不理解。或许因为这里都是卖给游客的商品吧，所以

安缦酒店大堂

淳朴的不丹人也学会了赚取更高的利润。

只要开放，现代化的冲击势不可挡。便又想起刘博士问卡玛·塔斯蒂姆秘书长的那个略显尖锐的问题：不丹王国的物价偏高，而国民收入水平偏低，这样会不会影响国民的幸福感呢？

挑战，在所难免！为不丹祈祷、祝福吧！

进入一家手机商店，看到柜台里陈列的手机都是我们

安缦酒店客房

早已淘汰不用的型号。买了一本不丹画册，花了 33 美元，还真是价格不菲。

此外，便没什么可买的了。

回到安缦，下起了薄雨。

远远的，从屋顶到石阶，都燃起了传统的油灯，散发着浓郁的朦胧美，雾里看花花更美，此情此景正相宜。

回到房间，床已被铺好，掀起的被角上，一封由手工纸打印的欢迎信，一本由卡玛院长撰写的《千眼英雄》赠书，正宁静地对着我微笑。

不得不说，安缦的服务已做到了极致。

晚餐后，乐师们奏起了悠扬的传统民乐，轻快、和乐、美好……

冯博士略显遗憾地说："因为下雨，今天没见彩虹。"

幸福的彩虹之旅，就要结束了。

薄雨中的安缦酒店

安缦酒店的僧侣

舷窗彩虹

一晚丝雨绵绵，今早大放光明。

服务生把坐垫和小桌椅搬到露天的看台上，供大家休憩。

遇到了一个僧侣，从容地对着我们笑着，温煦如阳光。

我心里嘀咕了一下，僧侣也住这么昂贵的酒店？很快便想，那必是有成就的高僧，有护法供养吧。

正想着，冯博士与他攀谈起来，才知道，原来是他的一个澳大利亚朋友订了 5 间房度假，已经付了全款，有一个朋友突然生病，临时来不了，因此便请他来这里住了。

正说着话，一位女服务生请我们移步到前厅，说在临走前安缦为我们特别安排了一个祈福的仪式，另一位僧侣已在等着我们了。

念咒、祈祷、洒圣水，僧人为我们每人都系上了代表着好运吉祥的五彩绳子。服务生又为我们奉上了一小袋巧

安缦酒店庭院

克力，真是惊喜多多，收获满满。

到了机场，导游和司机与我们一一惜别。导游说，能带我们这个团，是他的荣幸，他很喜欢和我们在一起，我们的真诚和虔诚打动了他，让他很感动。因此，他和司机还有一份小小的礼物送给我们。说着，他拿出了 4 本用手工纸包装的异常精美的集邮册，真是感恩、感动、感激、惊喜。

淳朴美丽的不丹，幸福的彩虹之旅，就要画上圆满的句号。

很快，我们就要从这片净土，重返喧嚣的人间。

在机场，我们遇到了几天来，曾碰到过几次的来自呼

导游和司机先生

和浩特的四口之家。稳重的父亲、美丽的母亲、大方的女儿和活泼的儿子，其乐融融，幸福甜蜜。

年轻的母亲兴奋地告诉我们，他们遇到了国王，不过没说上话。

从不丹到曼谷，五个多小时的飞机旅程，我沉沉睡去，半梦半醒的朦胧中听到机长在广播，我们要下降了。

我做了个梦。

在梦中，碧绿的草地，高大的松树，神圣的塔庙，悠然再现。蓝天倒影下，白云升腾，一朵彩虹横跨天际……

我一下子坐直身，对身旁的徐社长说:“我梦见彩虹了！半圆的、完整的！”

坐在同排邻侧的刘博士和冯博士微笑地看着我，大概觉得我睡眼惺忪的样子很好玩。

不到 20 秒，前排突然响起一个小男孩清脆的童音：“Rainbow！”

冯博士和刘博士往外一看，舷窗外一道彩虹赫然高悬，他们俩吃惊地叫我和徐社长向外看，徐社长一侧目也看见了，坐在内座的我兴奋地解开安全带，连鞋也顾不上穿，赤脚扑向对面。空姐赶紧过来，告诉我飞机正在下降，请回到座位上。

刘博士迅速开启手机，尽管飞行速度太快，不如他刚开始看到的角度好，他还是捕捉到了一幅不太清晰的画面。

看着手机上的照片，我不禁蒙住了嘴，“天，和我梦到的画面一模一样！”

冯博士愣愣地看着我，半响，才摇摇头，喃喃说道:“若非亲眼所见，谁会相信呢？”

社长感慨万千:“太圆满了，太圆满了，七天，七道彩虹，赤橙黄绿青蓝紫，幸福的七种颜色，我们都全了！”

是的，幸福的颜色，我们都全了！

徐社长曾说，天空干净、没有污染的地方，就容易看到彩虹！

若我们的心干净，彩虹就在我们的心中！

心净国土净，愿幸福永远驻扎在我们每个人的心中！

神奇的舷窗彩虹

后记

不丹的幸福之旅，彩虹之旅。

七天，七道彩虹，七种颜色的幸福！

撰写本书，也同样花了七天时间，一天一章，一天一道彩虹。

从 2013 年 8 月 14 日开始撰文，到从 12000 张图片里选择图片，到 21 号凌晨的 1 点 56 分，开始写完后记，真不敢相信，自己可以完成一个绝不可能完成的任务。

记得写书的时候，楼上正在装修，每天凌晨二三点钟才睡的我早上 7 点就会被钻孔机的轰鸣声、嘈杂的砸墙声吵醒，我曾一度担心自己会写不下去，然而当我静下心来，沉浸到自己的世界里，很快就什么也听不见了，文字自然从心中流淌出来。等我完成这本书稿，我才想到，这不正是修心明心的过程嘛，专注则静，静生定，定生慧，如果没有佛菩萨的慈悲恩典，我想这是不可能发生的事情。

当时我每天晚上 12 点前后都会把当天的完稿发给徐

忠良社长，他会一直等着我的邮件，第一时间审稿，反馈意见后才睡觉，而我则会等到徐社长的意见返回、修改完毕才睡。徐社长的修改意见不多，却很精准，每回我打磕巴的地方他都能一眼看出来，并建议我用一个更精准的词语替换，让我十分钦佩。

在写到第 3 天的时候，我害怕了，因为这是我第一次作为一个佛教徒写的体验不丹佛国文化的书，我害怕自己在佛学方面的见地不够，万一写错了误导大家，那可是断人慧命的大因果啊！我问徐社长，你是不是为了安慰我，才说我写的好？徐社长的回复给了我很大的支持，他说我作为一个二三十年的老编辑，可以负责任地告诉你，你真的写得好，文字、见地都没问题。我说我害怕自己见地不够，写错了误导大家。社长说，你放心地写吧，我帮你把关！如果没有徐社长的坚定支持，我想或许我没法创造 7 天写完《幸福不丹》的奇迹。

真的，一路行来，太多的奇迹、太多的感恩。

感恩地球禅者洪启嵩老师的慈悲，感恩廿一文化的因缘，感恩安吉县委县政府的领导们的支持，感恩每一位在此过程中支持我的老师、朋友、伙伴，更要感恩的是同行考察的三位男士——上海远东出版社的徐忠良社长、中国民生指数课题组核心成员刘正山博士，上海浦东干部学院冯静武博士。在不丹的考察过程中，我们缔结了深厚的友情，此后也常交流幸福方面的话题，我们建立了一个“幸福彩虹”微信群，每到一个地方出差，不管是谁看到了彩虹，都会拍照发到群里，每当此时，心中总是油然升起快乐感激之情。

2016年的2月底3月初，再次感恩洪启嵩老师的因缘，与二位不丹前首相吉格梅 • 廷莱先生和利翁波 • 肯赞 • 多吉先生一共赴印度朝圣，开启追寻佛陀成佛的授记之旅、觉性之旅。

印度北部条件艰苦，一路颠簸，二位前首相谦和平易，和我们同吃同住，一路虔诚跪拜，同甘共苦，从他们身上更加理解了不丹幸福的秘密，唯有坚持物质和心灵的均衡发展，对地球上共同存有的生命与环境的平等尊重，才能走向共荣永续的幸福。

在印度期间就想着要把《幸福不丹》重新修订出版，因为当时仓促，还有很多感受没来得及写进去。然从印度返回的当晚，我就在德里机场发起了高烧，还咳血，这一咳就咳了 50 多天，幸亏有经络推拿大家文涛老师的悉心调理、全程关照，才渐渐好转。按佛家的说法，这算是消了一个大业障吧。

咳得厉害的时候，整晚无法入睡，当时想着只要能不咳嗽，就是我人生莫大的幸福了。咳嗽渐止，便开始重新挑选、替换图片，增补了不少内容，还有一些文字表达不够精准的部分，一并删改修订。时至今日，终于大功告成。

谨以《不丹幸福的真相》，供养给每一位有缘的朋友，希望不丹捍守的淳朴和纯净，也能返璞归真于中国，让幸福的种子撒遍中华大地！

“幸福就该是欢喜的出生与养育，有意义与有收获的工作，在满足与保障中老去，在尊严的详和中辞世。”

愿地球觉醒，众生幸福！

修订于 2016 年 5 月 12 日

图书在版编目(CIP)数据

不丹幸福的真相/彭筱军著. —上海：上海远东出版社，2016
ISBN 978-7-5476-1164-7

Ⅰ. ①不… Ⅱ. ①彭… Ⅲ. ①不丹—研究 Ⅳ. ①D735.7

中国版本图书馆 CIP 数据核字(2016)第 186250 号

不丹幸福的真相
撰　　文/彭筱军
责任编辑/徐忠良
装帧设计/熙元创享文化

出版：上海世纪出版股份有限公司远东出版社
地址：中国上海市钦州南路 81 号
邮编：200235
网址：www.ydbook.com
发行：新华书店　上海远东出版社
　　　上海世纪出版股份有限公司发行中心
印刷：北京华联印刷有限公司
装订：北京华联印刷有限公司

开本：890×1240　1/32　印张：12.25 插页：1　字数：240 千字
2016 年 8 月第 1 版　2016 年 8 月第 1 次印刷

ISBN 978-7-5476-1164-7/G・755
定价：58.00 元